어, **기후**가
왜 이래요?

어, 기후가 왜 이래요?

1판 1쇄 2007년 12월 10일 | 1판 14쇄 2021년 11월 22일

글 임태훈 | 그림 이육남
편집 이세은 윤정현 조연진 정지인 차정민 | 마케팅 강백산·강지연 | 디자인 큐리어스 권석연
펴낸이 이재일
펴낸곳 토토북 04034 서울시 마포구 양화로11길 18, 3층(서교동, 원오빌딩)
전화 02-332-6255 | 팩스 02-332-6286
홈페이지 www.totobook.com | 전자우편 totobooks@hanmail.net
출판등록 2002년 5월 30일 제10-2394호
ISBN 978-89-90611-48-2 74400
      978-89-90611-54-3 74400(세트)

ⓒ 임태훈, 이육남 2007

이 책은 저작권법에 의해 보호를 받는 저작물이므로 무단 전재 및 무단 복제를 금합니다.
잘못된 책은 바꾸어 드립니다.

KC

- 제품명: 어, 기후가 왜 이래요? | 제조자명: 토토북 | 제조국명: 대한민국 | 전화: 02-332-6255
- 주소: 서울시 마포구 양화로11길 18, 3층(서교동, 원오빌딩) | 제조일: 2021년 11월 22일 | 사용연령: 8세 이상
- KC 인증 유형: 공급자 적합성 확인
- KC마크는 이 제품이 공통안전기준에 적합하였음을 의미합니다.

⚠ 주의 책의 모서리에 다치지 않게 주의하세요.

지구 온난화와 기후 변화의 비밀

어, 기후가 왜 이래요?

임태훈 글 | 이육남 그림

www.totobook.com

지구가 열병을 앓고 있어요

까만 우주에서 푸른 보석처럼 빛나는 별, 지구에는 수많은 생명체가 살고 있어요. 햇빛, 물, 공기, 흙과 같은 자연환경 속에서 서로 영향을 주고받으면서요. 식물은 햇빛과 공기를 이용해 영양분을 만들고, 동물은 그 영양분으로 살아가요. 죽은 동물과 식물은 세균이나 곰팡이가 분해해 흙 속으로 되돌려 놓지요. 그리고 그 흙에서 새 식물이 다시 자라나요. 이렇게 지구의 환경을 이루는 모든 구성원이 서로 영향을 주고받으면서 살아가는 자연의 세계를 생태계라고 해요.

생태계를 이루는 구성원 중 하나라도 문제가 생기면 모두가 그 영향을 받아요. 그런데 사람들은 그동안 자신의 편의만을 생각해 지구환경을 크게 변화시켰어요. 석탄과 석유와 같은 화석 연료를 사용해서 공기를 오염시켰고, 기름진 땅은 지하수를 퍼 올리고 가축을 마구 길러서 농사를 지을 수 없는 사막으로 변화시켰어요. 또 울창한 숲의 나무들을 마구

베어내는 바람에 수많은 동·식물의 보금자리가 사라졌고, 멸종하는 생물이 늘어났어요.

사람들의 환경 파괴는 부메랑처럼 돌아와 사람의 삶도 파괴해요. 최근 환경 변화로 고통 받는 사람들의 숫자가 전쟁에 의한 피해자보다 많아졌어요. '환경 난민'이라는 말이 생겨날 정도로요. '난민'은 원래 전쟁, 정치, 종교적인 문제를 피해 이리저리 떠돌아다니며 고생하는 사람을 이르는 말이에요. 그런데 환경이 급격히 변하면서 생활 기반을 잃은 사람들이 생겨났어요. 땅속의 얼음이 녹아 땅이 무너지고, 바닷물에 섬이 잠겨 조상 대대로 살던 고향을 떠나야 하는 사람의 수가 늘어났어요. 환경의 변화는 한 사람, 한 국가만의 문제가 아니에요. 모든 사람들이 힘을 합쳐 해결해야 할 문제예요. 어떤 나라가 지도에서 영원히 사라지고, 북극곰이 멸종할 위기에 놓인 것이 나와는 관계 없는 일일까요?

이제는 우리 모두가 지구환경을 되돌아보며 지구를 위해 무엇을 할 것인지를 생각하고 실천할 때가 되었어요. 지구를 위하는 일은 곧 우리 모두를 위하는 것이니까요.

차례

지구가 열병을 앓고 있어요 4

To. 한국 친구들! 8

지구촌 기후 뉴스 시간입니다

북극곰이 물에 빠졌어요 16
땅이 무너지고 있어요 20
남극의 빙하가 녹고 있어요 24
섬나라들이 사라지고 있어요 27
만년설이 녹고 있어요 30
바닷물의 온도가 올라가요 34
산호가 사라지고 있어요 38
바다거북이 암컷만 낳아요 42
우리나라 제비가 강남으로 가기 싫대요 46
열대성 질병이 번지고 있어요 52

기후는 왜 변하는 걸까요?

기후란 무엇일까요? 58
금성과 화성의 기후는 지구와 달라요 64
대기가 지구의 체온을 조절해요 68
대륙이 움직여서 기후가 달라져요 74
운석이 떨어지고 화산이 폭발하면 기후가 변해요 84
지구의 기우뚱 운동으로 달라지는 기후 87
바닷물의 흐름도 기후를 변화시켜요 94
바람이 기후를 변화시켜요 98

우리가 지구를 구해요

유럽과 미국이 폭염에 시달려요 108
우리나라 봄과 가을이 사라지고 있어요 110
이산화탄소가 점점 많이 쌓이고 있어요 116
열대우림이 파괴되고 있어요 119
미지근한 물속 개구리의 운명은? 121
오존층의 뚫린 구멍을 막아라! 124
온실기체를 줄이는 국제 협약 128
나의 작은 실천이 지구 온난화를 막을 수 있어요 132
바람과 태양의 힘을 이용해요 136
일석이조 에너지 바이오 연료 141
지구는 우리가 구해요 144

자연과 함께 나누며 사는 기쁨을 찾아요 148

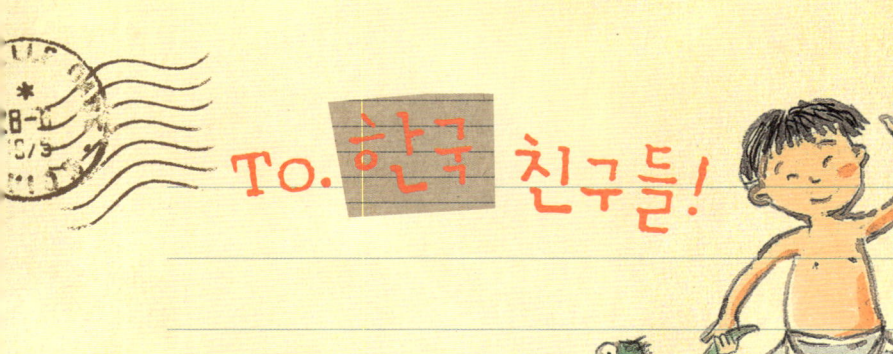

안녕! 내 이름은 라할리야.
난 밤하늘의 별만큼 많은 섬으로 이루어진 인도네시아에
살고 있어.
바다 위에 둥둥 떠 있는 작은 배가 바로 우리 가족이 살고 있는
집이야. '소페'라고 해.
소페는 너희가 살고 있는 집만큼 크진 않아. 물건도 거의 없어.
불을 피우는 화덕과 그릇 몇 개, 기름과 칼이 전부야.
바다에서 구할 수 없는 기름, 땔감, 야자열매 등이 필요할 땐,
육지에 가서 필요한 물건들을 우리가 바다에서 잡은 해삼,
바다 동물과 바꿔와.
우리가 왜 바다 위를 떠다니는 배 위에서 사는지 궁금하지 않니?

배를 타고 바다 위에 사는 건 우리 바조족의 오랜 전통이야. 할아버지가 얘기해 주셨는데 먼 옛날 우리 조상들은 섬에서 살았었대. 그런데 어느 날 큰 배 한 척이 섬에 나타났어. 그 배에서 키가 큰 한 남자가 내렸는데 글쎄 그가 우리 섬 공주님에게 한눈에 반해서는 공주를 배에 태워 섬을 떠난 거야. 이 사실을 알게 된 왕은 화가 머리끝까지 나선 사람들에게 이렇게 말했대. "당장 공주를 찾아와라! 만약 공주를 찾지 못하면 돌아올 생각은 하지 마라!" 사람들은 부리나케 작은 배를 나눠 타고 공주를 찾아 넓은 바다로 나갔어. 하지만 바다 위 어느 곳에서도 큰 배를 찾을 수 없었대.

이제 왜 우리가 배를 타고 바다 위에 사는지 알겠지? 육지 사람들은 바다에 폭풍이 불거나 파도가 높게 일 때, 소페가 뒤집히지 않을까 걱정해. 하지만 우리에겐 맹그로브 숲이 있어서 괜찮아.

맹그로브는 육지뿐 아니라 짠 바닷물에서도 살 수 있는 나무야. 주로 강물과 바닷물이 만나는 곳에 많아. 맹그로브는 뿌리가 꼭 문어 다리처럼 생겨선 일부가 물 위로 드러나 있어. 물속에 내려진 뿌리는 서로 엉켜 있어서 육지에서 바다로 흘러나가는 모래와 흙을 해안가에 붙잡아 둬. 맹그로브의 크기는 보통 육지 쪽에 있는 건 10m가 훨씬 넘고 바다 쪽에 있는 건 5m 정도야. 아무리 높고 거친 파도가 밀려와도 맹그로브가 겹겹이 세워진 맹그로브 숲 안쪽에 있으면 괜찮아. 파도가 맹그로브 숲에 부딪히면서 힘을 잃거든. 맹그로브 숲은 파도와 해일로부터 우리 부족을 지켜주는 튼튼한 성벽과 같아.

그런데 얼마 전에 이곳 인도네시아에
큰 일이 벌어졌어. 쓰나미라는 이름의 엄청난
지진 해일이 일어났거든. 5m가 훌쩍 넘는 거대한
해일에 바닷가에 세운 호텔 건물이 무너지고,
해변에서 관광을 즐기던 많은 사람들이 해일에 쓸려갔어.
바닷가에 만들어진 새우 양식장도 해일에 쓸려 엉망이 되었어.
예전에도 이렇게 큰 해일과 폭풍은 일어났었지만
이 정도로 큰 피해를 입진 않았었대.

왜냐하면 맹그로브 숲과 산호초가 폭풍과 해일을 막아주는 든든한 울타리 구실을 해줬거든.
이번에 쓰나미가 휩쓸고 간 바닷가에도 원래 맹그로브 숲이 있었대. 그런데 사람들이 호텔과 새우 양식장을 지으려고 그 숲을 다 베어 버린 거야. 맹그로브 숲을 베지 않았다면 이렇게 큰 피해가 일어나지 않았을 텐데….
바닷가에 거북이가 알을 낳으러 오는 곳은 쓰나미에 큰 피해를 입지 않았어. 정부가 거북이를 보호하려고 그곳의 맹그로브 숲은 베지 않고 그대로 두었거든.
산호초로 둘러싸인 섬들도 해일에 큰 피해를 입지 않았대.

섬 전체를 에워싼 산호초가 파도를 막아줬거든.

우리 가족은 쓰나미에 쓸린 섬을 보고 마음이 아팠어.

할아버지는 이 모든 일이 사람들의 이기적인 욕심 때문에
일어난 거래. 사람들이 쉬고 놀 수 있는 휴양지를 만들려고
많은 동물이 살고 있는 맹그로브 숲을 파괴했으니까.

할아버지는 사람들이 점점 자연과 함께 나누며 사는 법을
잊고 있다고 하셨어. 그리고 내게 사람도 생태계의
한 구성원이라는 사실을 꼭 기억해야 한다고
당부하셨지. 너희도 우리 할아버지 말씀을
함께 기억해 줬으면 좋겠어.

지구는 우리가 함께 사는 곳이니까!

요즘 지구는 열병을 앓고 있어요.
광장한 속도로 기온이 오르면서 수만 년 동안 얼어 있던 지구의 얼음이 녹고,
바닷물의 높이가 오르고, 비가 많이 오던 곳에 가뭄이 들고,

비가 오지 않던 건조한 곳에 폭우가 내리는 등 기후에 큰 변화가 일어나고 있어요.
굉장히 빠른 속도로 일어나고 있는 기후의 변화는 많은 생명체의 삶을 위협하고 있어요.
그럼 지금부터 지구 곳곳에서 열병을 앓고 있는 지구의 모습을 알아볼까요?

북극곰이 물에 빠졌어요

"휘이잉, 휭"

차가운 바람과 함께 눈보라가 몰아치고 있어요. 사방이 온통 눈과 얼음으로 덮여 있는 이곳은 아주 추운 얼음 나라, 북극이에요. 저기 얼음판 위로 누군가 성큼성큼 걸어오고 있어요. 하얗고 두꺼운 털가죽으로 온몸을 감싼, 정말 엄청나게 큰 덩치가요. 누군지 알겠어요? 그래요. 바로 북극의 왕, 북극곰이에요.

북극곰은 얼음판 위에서 살아요.

배고파…

어푸! 어푸!

왜냐하면 북극곰이 제일 좋아하는 먹이인 바다표범이 바로 얼음판 위에서 살거든요.

북극곰은 바다표범 찾는 데 선수예요. 냄새를 아주 잘 맡아서 코만 몇 번 벌렁대도 멀리 떨어져 있는 바다표범을 찾아낼 수 있어요. 바다표범이 물속으로 숨는다 해도 북극곰은 피할 수 없죠. 북극곰은 발가락 사이에 물갈퀴 같은 막이 있어서 수영을 아주 잘하거든요. 조그만 머리만 물 밖에 내놓고, 뒷발로 방향을 잡으면서 앞발을 저어 재빠르게 나아가지요.

그런데 요즘 북극곰에게 큰 문제가 생겼어요. 바다에 있는 얼음 덩어리가 눈에 띌 정도로 많이 줄어서 얼음 위에 살던 바다표범들이 모두 떠나버렸거든요. 얼음 덩어리를 찾아 먼 북쪽 바다로요. 그래서 북극곰은 바다표범을 찾아 먼 곳까지 가야해요.

"풍덩"

바닷가에서 어슬렁대던 북극곰 두 마리가 바다로 뛰어 들었어요.
조금 멀긴 하지만 바다 위에 얼음 덩어리가 어렴풋이
보였거든요. 그런데 어떻게 된 일인지, 아무리 열심히 헤엄쳐도
얼음 덩어리는 바닷가에서 처음 본 그대로 멀리 있는 거예요.

"어푸, 어푸"

함께 헤엄치던 북극곰 한 마리가 숨을 헐떡이며 몸을 떨었어요.
차가운 바닷물에서 너무 오랫동안 수영을 하는 바람에 기운이 다
빠져버렸어요. 게다가 요 며칠 제대로 먹지도 못했거든요.
힘차게 헤엄치던 앞발의 움직임이 점점 느려지더니 북극곰은
그만…

얼음판에서 떨어져 나온 크고 작은 얼음
덩어리를 빙하라고 해요.

북극 바다는 빙하로 가득차서 배가 지나다닐 수 없을 정도였어요. 그런데 최근 지구의 기온이 점점 오르면서 북극 바다에 가득했던 빙하들이 굉장히 빠른 속도로 녹아 사라지고 있어요.

빙하가 사라지면서 북극에 사는 동물들의 삶이 파괴되고 있어요. 북극표범은 살 곳을 잃었고, 북극곰은 먹이를 구하기가 힘들어졌어요.

아무리 북극곰이 수영을 잘 한대도 한 번에 헤엄쳐 갈 수 있는 거리는 25km를 넘지 못해요. 그 안에 북극곰이 얼음 덩어리를 만나지 못하면 힘이 다 떨어져 물에 빠져 죽는 거예요. 이런 일이 북극지방에서 점점 늘어나고 있다니 정말 큰일이 아닐 수가 없어요.

땅이 무너지고 있어요

북극 근처의 알래스카는 대부분의 땅이 꽁꽁 언 땅이에요. 짧은 여름 계절 동안만 땅 표면이 살짝 녹아 꽃과 풀이 자라요. 하지만 땅속은 일 년 내내 얼어 있지요. 이렇게 꽁꽁 얼어 있는 땅을 영구동토라고 해요. 영원히 녹지 않는 땅이란 의미예요.
그런데 최근 알래스카의 영구동토가 수천 년 만에 처음으로 녹기 시작했어요. 단단하게 언 땅속이 녹으면서 집들이 한쪽으로 기울어지고, 도로가 내려앉고, 가스관과 송유관이 끊어지는 일이

일어났어요. 땅속이 녹는 일은 쉽게 알아챌 수 없어서 알래스카 지역의 사람들과 식물, 동물들의 삶은 큰 위험에 처했어요.

먼 옛날부터 북극 지역에서 살아 온 원주민을 이누이트라고 해요. 이들은 농사를 지을 수 없을 만큼 추운 북극에서 사냥과 낚시를 하며 살아왔지요. 이누이트는 나무 작살만으로도 북극고래를 잡을 만큼 사냥을 아주 잘 해요. 하지만 요즘은 나무 작살보다 더 좋은 장비를 갖고 나가는데도 아무 것도 못 잡고 빈손으로 돌아올 때가 많대요. 북극이 더워지면서 동물들이 더 추운 곳으로 가버렸거든요.

이누이트는 사냥을 해서 식량을 구하고, 동물의 털가죽으로 옷과 모자 등을 만들어 썼었는데 사냥하기가 점점 어려워지니 큰일이에요.

이누이트와 달리 지구가 점점 더워지는 일을 좋게 생각하는 사람들도 있어요. 세계에서 가장 큰 섬인 그린란드는 섬 대부분이 두꺼운 얼음으로 덮여 있어요.

그런데 지구의 기온이 오르면서 얼음 아래 묻혀 있던 땅이 드러나고 그곳에 푸른 초원이 만들어지고 있대요.

그린란드 사람들은 이러한 변화를 반기고 있어요. 날이 따뜻해져 얼음이 녹으면 더 많은 땅에서 농사를 지을 수 있고, 사과와 딸기도 재배할 수 있으니까요. 하지만 이러한 변화가 정말 좋은 일일까요?

그린란드의 얼음이 다 녹으면 지구 전체 바닷물의 높이가 올라요. 그러면 낮은 지대에 사는 사람들의 집은 바닷물에 잠기게 될 거예요.

남극의 빙하가 녹고 있어요

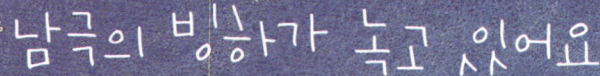

최근 몇 년 사이 남극대륙의 얼음이 굉장한 속도로 녹고 있어요. 2002년에 '라르센 B 빙붕'이라고 하는 거대한 빙하가 남극대륙에서 뚝 떨어졌어요. 빙하의 크기는 유럽에 있는 룩셈부르크라는 나라와 비슷한 크기였어요. 그런데 놀랍게도 이 거대한 빙하가 단 몇 주 만에 녹아 사라져버렸어요. 많은 사람들이 깜짝 놀랐어요. '그 큰 빙하가 이렇게 빨리 녹아버리다니!' 하고 말이에요.

남극엔 북극보다 빙하가 더 많이 있어요. 지구에 있는 모든 빙하의 90%가 남극에 있지요. 게다가 남극 얼음은 평균 두께만

해도 2,000m가 넘어요. 만약 이 엄청난 크기의 얼음이 다 녹는다면 어떻게 될까요? 남극대륙 가장자리 부분의 얼음만 녹아도 해수면이 올라 낮은 곳에 있는 많은 나라가 물에 잠길 거예요.

북극 바다에 떠다니는 빙하가 녹아도 해수면이 올라가진 않아요. 북극의 빙하는 바닷물이 얼어서 만들어진 얼음이기 때문이에요. 컵에 얼음을 넣은 다음 물을 가득 부어보세요. 얼음이 모두 녹아도 물은 넘치지 않아요. 이와 같은 원리예요. 하지만 그린란드나 남극대륙 위에 만들어진 얼음이 녹으면 해수면은 올라요. 왜냐하면 육지 위에 있던 물이 바다로 흘러 들어가는 것이니까요. 현재 남극에 있는 빙하는 지구 표면이 평평하다고 가정할 때, 지구 전체를 60m 두께의 얼음 타일로 몽땅 덮을 수 있는 양이래요. 이런 빙하가 다 녹아버린다고 상상해 보세요. 아주 끔찍한 일이 벌어지지 않을까요?

> 세계에서 가장 큰 빙하 '로스 빙붕'은 남극 바다 위에 떠 있어서 녹아도 해수면의 높이에 영향을 주지 않아요.

✱ 해수면은 바다의 표면이에요. 해수면이 오른다는 것은 바닷물의 양이 많아지는 거예요.

섬나라들이 사라지고 있어요

지구의 해수면이 오르면서 나라 전체가 바닷물에 잠길 위험에 처한 곳이 있어요. 남태평양에 있는 작은 섬나라, 투발루 공화국이요. 투발루는 원래 아홉 개의 섬으로 이루어진 나라였어요. 그런데 해수면이 오르면서 두 개의 섬이 바닷물에 잠겨버렸어요. 수도인 푸나푸티 섬이 투발루에서 가장 높은 지역인데 이곳도 이젠 안전한 곳이 아니래요. 비가 내리고 큰 파도가 치는 날이면 투발루의 섬 대부분이 물에 잠겨 버려서 사람들의 생활은 엉망이 돼 버려요. 바닷물이 땅속까지 스며들어와 농사를 지을 수도 없고, 지하수도 짜서

마실 수 없게 되었지요.
이 때문에 2002년부터 투발루 국민들은 한 해에 75명씩
뉴질랜드로 이주하고 있어요. 섬이 언제 물에 잠길지 몰라서
다른 나라로 떠나야 하는 거예요.
다른 나라에 가서 사는 일이 꼭 나쁜 것만은 아니지만,
생각해보세요. 어느 날 갑자기 내가 살고 있던 곳이 곧 물에 잠겨
없어질 테니 다른 곳에 가 살라고 그런다면 어떨까요? 그것도
다른 사람들이 지구 생태계를 망쳐서 생긴 일이라면요?

빛 반사율 90%

지구가 더워지면서 바닷물의 온도도 오르고 있어요. 바닷물의 온도가 오를수록 물 분자의 운동이 활발해져서 해수면이 올라가요. 해수면이 오를수록 바다 위의 빙하는 더 많이 녹고, 빙하가 녹아 사라질수록 지구의 기온은 더 높아져요. 왜냐하면 얼음은 태양빛의 90%를 반사시키지만 물은 10%만 반사시키거든요. 반사되는 태양빛의 양이 줄수록 지구의 기온은 더 오르고 해수면의 높이도 올라 투발루처럼 물에 잠겨 사라지는 나라가 늘어날 거예요.

빛 반사율 10%

만년설이 녹고 있어요

아프리카 탄자니아는 적도 부근에 있는 더운 나라예요. 바람도 멈춘 듯, 후덥지근한 공기로 가득찬 넓은 평원 위에 코뿔소와 물소, 기린, 코끼리, 누와 같은 동물들이 살고 있지요. 이곳엔 아프리카 대륙에서 가장 높은 산인 킬리만자로가 있어요. 킬리만자로는 '눈 덮인 산', '빛나는 산' 이라는 뜻이에요.

※ 지표면에서 멀어질수록 땅에서 대기로 전달되는 열이 점점 줄어요. 그래서 킬리만자로와 같은 높은 산이 적도처럼 더운 지역에 있어도 산 정상에 만년설이 있는 거예요.

뜨거운 열기가 치솟는 땅 위에 하얀 눈을 이고 우뚝 솟아 있는 킬리만자로와 그 아래 끝없이 펼쳐진 평원에서 자유롭게 생활하는 야생 동물의 모습을 상상해보세요. 멋지지 않나요?
누구라도 산 정상에 오르고 싶을 거예요.
그런데 요즘 이곳에 있는 빙하들이 하나 둘 녹아 사라지고 있대요. 어떤 곳은 빙하가 있던 흔적조차 찾아 볼 수 없는 계곡으로 변해버렸고요.
킬리만자로의 빙하에는 지구 기후의 역사가 기록되어 있어요.
빙하 절벽에 먼지가 쌓여 만들어진 검은 색 띠를 조사해 본 결과, 4,000년 전 지구의 기후는 굉장히 건조했음을 알 수 있었어요.

4,000년 전 건조한 기후 때도 녹지 않고 아프리카 대륙을 내려 보고 있던 빙하들이 단 100년 만에 모두 사라지게 될 운명에 처했다니….

유럽의 지붕이라고 불리는 알프스의 산봉우리들도 눈부시게 흰 만년설로 유명해요. 스위스의 융프라우는 4,000m가 넘는 높은 산으로 톱니바퀴 열차를 타고 3,500m까지 올라갈 수 있어요. 열차에서 내린 후 빙하를 뚫어 만든 굴을 지나면, 수만 년 동안 내린 눈이 쌓여 만들어진 멋진 빙하를 볼 수 있어요.

그런데 지금은 빙하로 가득했던 계곡은 바닥의 맨땅이 다 보이고 빙하는 능선과 봉우리 주변에만 조금 남아 있대요. 남아 있는 것들도 예전보다 두께도 얇아지고 길이도 짧아졌고요. 만 년이 넘는 세월 동안 녹지 않던 빙하가 단 30년 만에 25%나 녹아 사라진 거예요.

남아메리카 대륙에서 가장 넓은 크기를 자랑하던 웁살라 빙하도 해마다 200m씩 빠른 속도로 녹아 커다란 호수로 변하고 있대요.

높은 산 위의 빙하가 사라지는 일은 수도꼭지에서 나오는 물이 말라버리는 것과 같아요. 왜냐하면 산 위의 빙하가 녹아서 만들어진 물이 크고 작은 강을 이루거든요. 만년설과 같은 산 위의 빙하가 모두 사라지면, 수많은 생명체의 목을 축여주는 강은 말라버리고 땅도 메마르게 될 거예요.

아프리카에 있는 차드 호는 세계 6대 호수 중의 하나인데 계속된 가뭄으로 현재 90% 이상이 말라 버렸답니다.

바닷물의 온도가 올라가요

바닷물의 온도가 올라가면 굉장히 강한 태풍과 허리케인이 만들어져요. 예전엔 태풍과 허리케인이 이동하면서 사라져버리거나 약해져서 육지에 도착하는 일이 많았어요. 그런데 최근 강한 태풍과 허리케인이 육지에 도착하는 일이 많아졌어요. 바닷물의 온도가 오르면서 태풍과 허리케인이 그들의 힘을 키우는 열과 수증기를 계속 공급받을 수 있게 됐거든요. 강한 태풍과 허리케인이 육지에 도착하면 어떤 일이 일어날까요?

2007년 가을, 제주도와 남해안 일대를 할퀴고
간 태풍 '나리'는 제주도에 사상 최악의 태풍 피해를
냈어요. 집과 농경지, 도로가 물에 잠기고, 전기가 끊어지고,
비행기와 배의 운항이 중단됐어요. 태풍이 몰고 온 폭우에
한 해 열심히 지은 농작물이 다 상하고, 집도 물에 잠겨
버렸어요. 거리의 자동차들도 물에 휩쓸려 떠내려가고 많은
사람이 다치고 실종됐어요. 추석 명절을 얼마
앞두고 일어난 일이라 더욱 안타까운
일이었지요.

※ 태풍과 허리케인은 수증기가 물방울로 바뀔 때 만들어지는 열로 힘을 키워요.

2005년에 미국의 뉴올리언스 지역은 허리케인 '카트리나' 때문에 도시 전체가 물에 잠겼어요. 카트리나는 처음엔 작은 규모의 허리케인이었는데 바닷물의 온도가 높은 멕시코만을 지나면서 슈퍼 허리케인으로 발달했어요.
점점 커지는 카트리나는 마치 살아 있는 괴물이 몸집을 불리는 것처럼 보였지요. 도시 하나를 파괴할 수 있는 슈퍼 태풍과 허리케인이 많아진다니 정말 큰일이에요.

산호가 사라지고 있어요

인도양과 태평양의 열대 바다에는 산호섬이 많아요. 산호는 '바다의 꽃'이라고 불릴 만큼 색이 화려해요. 모양도 나뭇가지, 사슴뿔, 버섯, 선인장, 탁자, 접시, 주름진 뇌, 부채, 솜사탕 등 다양하지요. 어린 인어 공주가 있다면 산호초는 아주 훌륭한 바닷속 놀이터가 될 거예요.

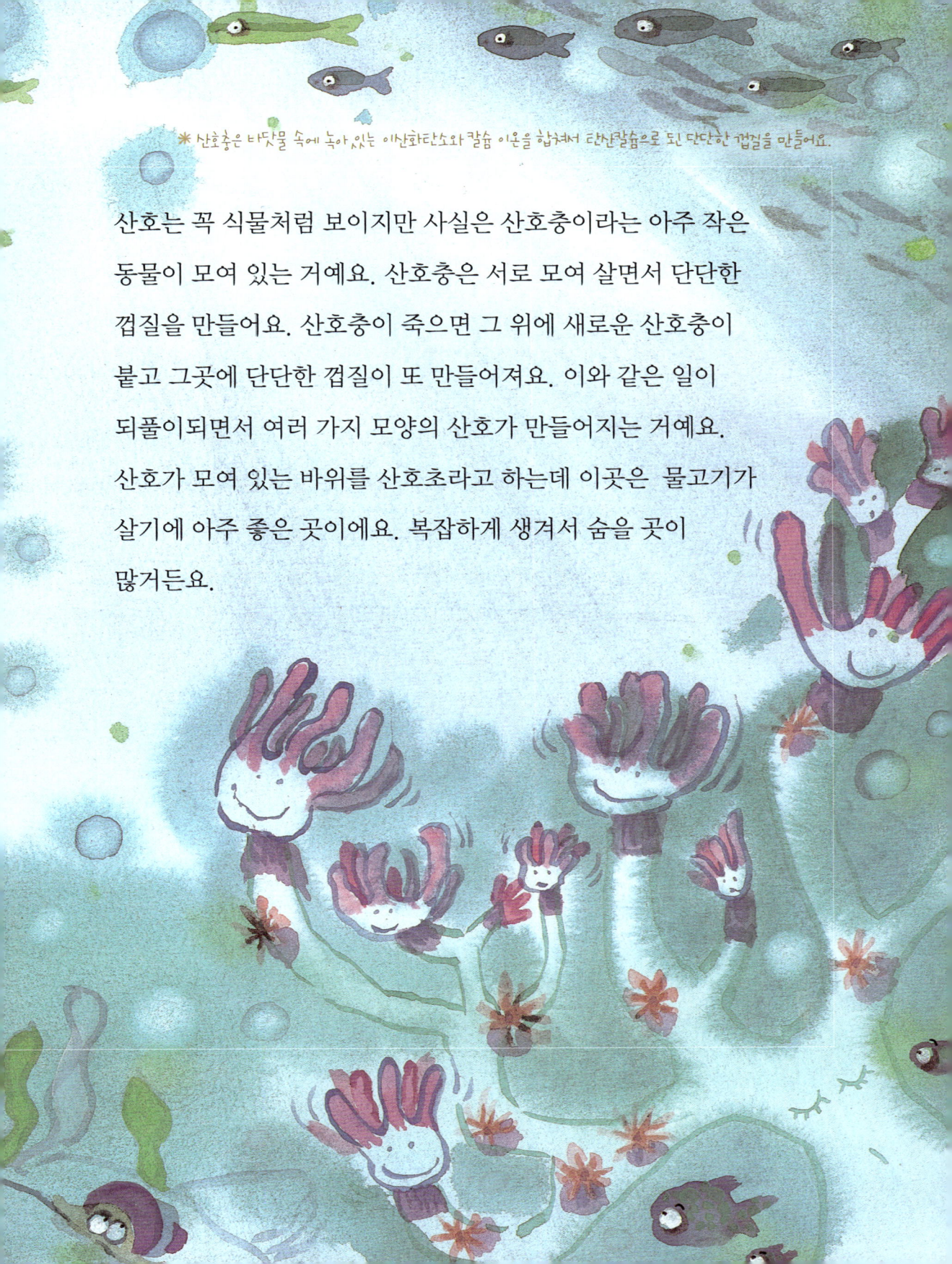

✳ 산호충은 바닷물 속에 녹아 있는 이산화탄소와 칼슘 이온을 합쳐서 탄산칼슘으로 된 단단한 껍질을 만들어요.

산호는 꼭 식물처럼 보이지만 사실은 산호충이라는 아주 작은 동물이 모여 있는 거예요. 산호충은 서로 모여 살면서 단단한 껍질을 만들어요. 산호충이 죽으면 그 위에 새로운 산호충이 붙고 그곳에 단단한 껍질이 또 만들어져요. 이와 같은 일이 되풀이되면서 여러 가지 모양의 산호가 만들어지는 거예요. 산호가 모여 있는 바위를 산호초라고 하는데 이곳은 물고기가 살기에 아주 좋은 곳이에요. 복잡하게 생겨서 숨을 곳이 많거든요.

지구 전체에서 산호초가 차지하는 면적은 1%도 채 안 되지만 해양 생물의 25%가 이곳에서 살아요. 물고기들이 모여 사는 수중 도시인 셈이지요. 그런데 최근 산호초가 빠른 속도로 파괴되고 있대요. 대체 무슨 일이 일어나고 있는 걸까요?

산호충은 수온이 23℃에서 25℃ 사이인 얕고 깨끗한 바다에서만 살 수 있어요. 환경에 아주 민감하지요. 바닷물 온도가 1~2℃만 높아져도 산호는 하얗게 변해요. 산호가 하얗게 변하는 것을 백화 현상이라고 하는데 백화 현상은 바닷물 온도가 잠깐 올랐다 내려가면 곧 회복할 수 있어요. 하지만 온도가 계속 높은 상태이면 산호충은 견디지 못하고 죽어요.

현재 산호초가 있던 100여 개의 나라 중 90개국 이상의 산호초가 사라지고 있어요. 산호초가 사라지면 이곳에 사는 수많은 바다 생물의 삶도 파괴되는 거예요. 또, 큰 파도와 해일을 막아주는 산호초가 사라지면 바닷가 지역에 사는 사람들의 삶도 위험해질 거예요.

바다거북이 암컷만 낳아요

몇몇 바다거북이 수컷보다 암컷을 더 많이 낳고 있다는 사실이 밝혀졌어요. 말레이반도에선 암컷 바다거북만 태어나는 일도 있었지요. 왜 이런 일이 일어나는 걸까요?

이는 바닷물의 온도가 급격히 변했기 때문이에요. 환경의 갑작스런 변화는 많은 동물의 삶을 위협해요. 카리브 해의 철새들은 예전보다 자주 발생하는 강한 허리케인에 밀려 목적지에 도착하지 못하는 일이 많아졌어요. 해수면의 높이도 올라 이들의 생활 터전이 점점 사라지고 있고요.

비만 오면 울어대는 개구리도 멸종 위기에 처했어요. 오스트레일리아의 '위주머니보란' 개구리는 이미 지구상에서 영원히

※ 위주머니보란개구리는 알을 품고 있는 동안은 소화 활동을 멈추고 있어요.

사라졌어요. 처음 이 개구리를 발견했을 때 사람들은 깜짝 놀랐어요. 암컷 개구리의 입 안에 새끼 개구리가 들어있었거든요. 위주머니보란개구리는 소화기관인 위 안에 알을 품는 특이한 개구리예요. 알이 부화되면 올챙이를 새끼 개구리가 될 때까지 입 속에서 키우다 뱉어내요. 그런데 이들이 사는 곳의 기후가 건조해지면서 알을 낳는 웅덩이는 말라갔고, 몇 안 되는 웅덩이에 이들의 목숨을 위협하는 세균이 번식했어요. 그래서 이젠 이 특이한 개구리를 지구 어디에서도 다시 볼 수 없답니다.

갈라파고스 제도에만 사는 바다이구아나도 기후가 변하면서 생명의 위협을 받고 있어요. 적도 부근에 있는 갈라파고스 제도는 여러 개의 화산섬으로 이루어진 곳이에요. 영국의 다윈이 진화론의 중요한 사실을 발견한 곳이지요. 똑같은 비둘기라도 환경이 다른 섬에 살면 생김새가 조금씩 달라진다는 사실 말이에요.

모든 생물은 환경 변화에 적응할 줄 알아요. 다만 오랜 시간을 들여 천천히요. 요즘처럼 갑작스럽게 일어나는 환경의 변화는 이들에게 환경에 적응할 시간을 주지 않아요.

갈라파고스 제도 주변 바다의 온도가 갑자기 오르면서 바다이구아나의 먹이인 녹조류의 수가 많이 줄었어요. 그리고 따뜻한 바닷물에 잘 견디는 다른 종류의 조류가 늘었지요. 이러한 갑작스런 환경의 변화에 적응하지 못한 바다이구아나는 잘 먹지 못해 매해 몸통 길이가 줄어들고 있답니다.

우리나라 제비가 강남으로 가기 싫대요

흥부에게 박씨를 물어다 준 새를 기억하나요? 매끈하고 날렵한 몸매를 자랑하는 제비 말이에요.

제비는 봄에 우리나라를 찾아왔다 겨울에 따뜻한 남쪽 나라인 동남아시아 지역으로 가는 철새예요. 그런데 요즘 제비가 우리나라에 머무는 기간이 점점 길어지고 있어요. 예전엔 3월에 제주도에 찾아왔다 10월에 떠났는데, 요즘에는 2월에 찾아와 11월이나 12월에 떠나요. 아예 떠나지 않는 제비도 있대요.

제비가 따뜻한 남쪽 나라로 가지 않는 이유가 뭘까요? 남쪽 나라에서 박씨를 물어다 줄 마음 착한 사람들이 줄어들었기 때문일까요? 그렇다면 너무 슬프겠죠. 우리

주위에는 여러분과 같이 곱고 예쁜 마음씨를 지닌 사람들이 아직도 많은데 말이에요. 그런 걱정은 하지 마세요. 제비가 떠나지 않는 이유는 다른 데 있어요. 바로 우리나라의 기후가 점점 따뜻해지고 있기 때문이에요.

사람들은 기후 변화를 잘 느끼지 못해요. 더우면 선풍기, 에어컨을 틀거나 시원한 물놀이를 가기도 하고, 바람이 잘 불고 그늘진 곳에서 쉬기도 하니까요. 하지만 많은 동물과 식물들은 기온이 1℃만 변해도 큰 영향을 받아요.

사과나무와 대나무가 이사를 가요

사람들이 즐겨 먹는 사과도 기온 변화의 영향을 받고 있어요. 사과나무는 일 년 평균 기온이 13℃ 이하인 곳에서 잘 자라요. 그런데 우리나라의 날씨가 따뜻해지면서 사과나무가 자라는 지역이 전보다 북쪽으로 이동하고 있어요. 예로부터 유명한 사과 생산 지역은 경상북도 남쪽의 칠곡과 경산이었는데 지금은 김천과 경천을 거쳐 경상북도 북쪽에 있는 안동과 영주, 문경, 예천 지방으로 옮겨갔지요.

전라남도 담양은 대나무로 이름난 곳이에요. 하늘 높이 곧게 치솟은 대나무 가지들이 숲을 이룬 곳에 들어서면 한 여름의 뜨거운 햇볕도 힘을 쓰지 못해요. 바람이 불면 대나무 잎들은 '쏴아, 쏴아' 하고 노래를 하지요. 대나무는 우리 선조들이 품성이 군자와 같이 고결하다고 하여 '사군자'라고 부른

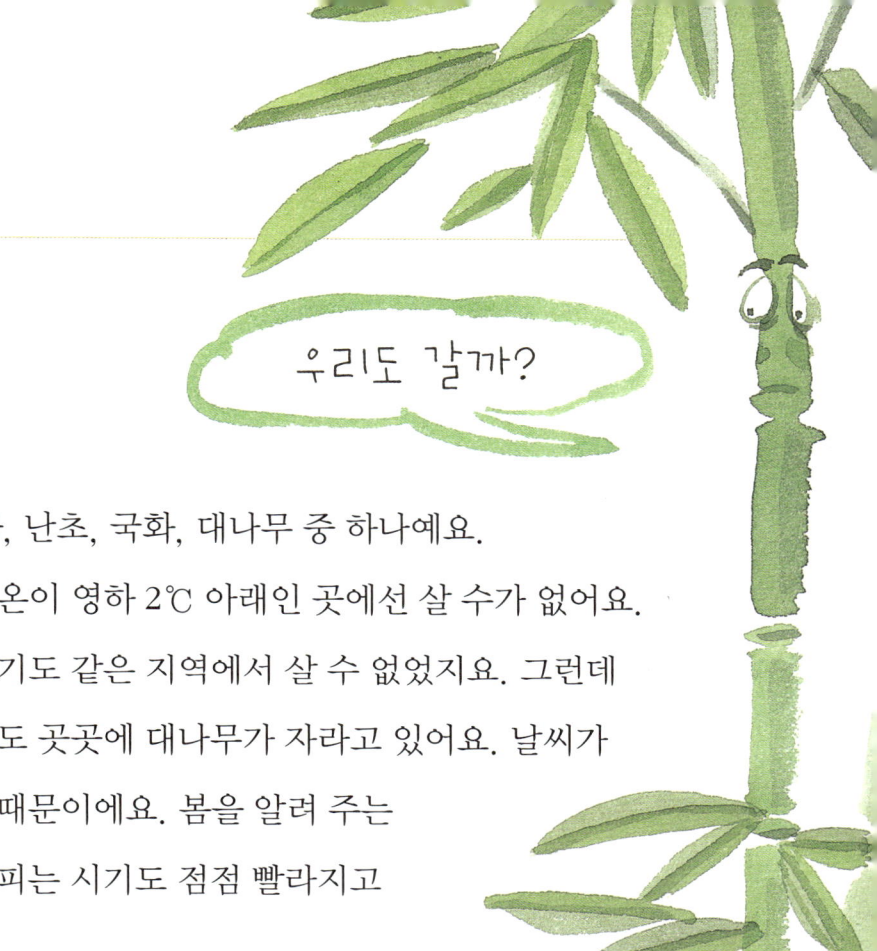

'매난국죽', 즉 매화, 난초, 국화, 대나무 중 하나예요. 대나무는 겨울에 기온이 영하 2℃ 아래인 곳에선 살 수가 없어요. 그래서 서울이나 경기도 같은 지역에서 살 수 없었지요. 그런데 요즘엔 서울과 경기도 곳곳에 대나무가 자라고 있어요. 날씨가 전보다 따뜻해졌기 때문이에요. 봄을 알려 주는 개나리와 진달래가 피는 시기도 점점 빨라지고 있답니다.

명태가 잡히지 않아요

물고기들은 바닷물 온도 변화에 아주 민감해요. 온도가 0.02℃만 변해도 금세 알아차리지요. 물고기가 좋아하는 먹이 플랑크톤도 바닷물 온도가 조금만 변해도 사는 장소를 바꿔요.

최근 100년 동안 우리나라 바닷물의 온도는 1~2℃가 올랐어요. 사람들은 이러한 변화를 거의 느낄 수 없지만 0.02℃만 변해도 금세 알아채는 물고기에게 1~2℃의 변화는 엄청난 거예요.

요즘 우리나라 바다에선 멸치가 예전보다 훨씬 더 많이 잡혀요. 바닷물의 온도가 오르면서 일년 내내 아무 때나 멸치를 잡을 수 있게 됐어요. 고기가 잘 잡히면 좋은 것 같지만 너무 많이 잡히면 제값을 못 받아요. 그래서 지금 멸치잡이를 하는 어부들은 멸치가 가득한 그물을 올리면서도 한숨을 푹푹 쉬고 있어요. 여기저기에서 멸치가 너무 많이 잡히는 바람에 멸치 값이 많이 떨어졌거든요.

멸치와 달리 우리나라 바다를 떠나는 물고기도 있어요. 생태찌개, 동태찌개, 북어국, 황태찜, 명란젓, 창란젓 등 전부

※ 멸치는 주로 따뜻한 바다에 살고 명태는 주로 찬 바다에 살아요.

다른 이름이지만 모두 명태를 가지고 만든 요리예요. 명태를 얼린 것을 동태라 하고, 완전히 말린 것을 북어, 찬바람을 쐬면서 얼렸다 녹였다 하며 말린 것을 황태, 얼리지도 말리지도 않은 원래 상태를 생태라고 해요. 명란젓과 창란젓은 명태의 알과 창자로 만든 젓갈이에요. 옛날부터 우리나라 사람들은 명태로 다양한 요리를 만들었어요. 그런데 점점 우리나라와 가까운 바다에서 명태가 잡히지 않고 있어요. 명태는 차가운 바다를 좋아해서 자꾸 온도가 오르는 우리나라 바다를 떠나고 있거든요. 이러다 앞으로 이 많은 명태 요리들이 모두 사라질지도 몰라요.

열대성 질병이 번지고 있어요

최근 이탈리아 해변에서 해수욕을 즐기던 사람들은 깜짝 놀랐어요. 피부에 조그마한 종기가 돋고 계속 배가 아파 설사로 고생하는 사람들이 생겼거든요. 해수욕을 하던 사람들에게 갑자기 나타난 질병은 모두 바닷속에 있는 열대성 조류 때문이었어요. 해변은 곧바로 폐쇄됐지요. 이탈리아는 열대지방도 아닌데 왜 열대지방의 조류가 이곳 해변에 나타난 걸까요? 그건 이탈리아 해변의 바닷물 온도가 올랐기 때문이에요.

✲ 조류 : 물속에 사는 식물·세균·원생생물 들을 말해요.

유럽 북쪽의 발트 해에서는 낚시를 하던 사람이 비브리오 패혈증에 감염돼 사망하는 일이 일어났어요. 비브리오 패혈증을 일으키는 균은 발트 해보다 훨씬 남쪽 지역에만 살았었는데 지구의 기온이 오르면서 발생하는 지역이 넓어졌어요. 이뿐만이 아니에요. 지구가 더워지면서 모기나 들쥐가 살기 좋은 환경이 늘어났고, 이들이 옮기는 전염병도 더 많은 지역으로 확산되고 있어요. 예전에 모기가 살지 않았던 지역에서 말라리아와 뎅기열, 웨스트 나일 바이러스와 같이 모기가 감염시키는 질병에 많은 사람들이 고통 받고 있어요. 케냐의 나이로비는 굉장히 높은 지역에 위치해서 예전에는 모기가 없었어요. 높은 지역일수록 기온이 낮아서 모기가 살 수 없거든요. 그런데 지구가 더워지면서 모기들이 높은 곳까지 올라와 질병을 옮기고 있어요.

지금까지 지구의 자연환경이 어느 날 갑자기 변하는 경우는 거의 없었어요. 특히 기후는 아주 조금씩 천천히 변해 사람들이 그 변화를 알아채지 못했어요. 하지만 현재 지구 곳곳에 일어나는 일들은 기후의 급격한 변화를 보여 주고 있어요.

이대로 놔두면 앞으로 더 많은 변화가 더 빨리 나타날 거예요. 환경의 변화를 느낀 지금이 바로 우리에게 위기를 위기로 알아차리는 지혜가 필요할 때예요. 우리가 살아갈 지구는 단 하나뿐이니까요.

지구의 긴 역사에서 기후는 늘 똑같지 않았어요.
기온이 지금보다 높았던 시절도 있었고, 낮았던 시절도 있었지요.
이에 따라 지구의 모습도 자꾸 달라졌어요.

지구의 기후가 따뜻할 때는 숲도 우거지고 갖가지 종류의 생명체들이 살았어요.
지구의 기후가 추울 때는 얼음이 가득하고 여러 생명체들이 지구에서 사라졌지요.
이렇게 기후는 계속 변해왔고 그에 따라 지구의 환경은 달라졌어요.
기후란 대체 무엇일까요? 왜 자꾸 변하는 걸까요?

기후란 무엇일까요?

"우르릉, 쾅!"

번개가 번쩍이고 천둥소리가 울리면 북아메리카 인디언들은 천둥새가 큰 소리를 내며 날개를 퍼덕여 구름을 때리고 있다고 생각했어요. 천둥새는 외눈박이 독수리의 모습을 한 천둥과 번개의 신이에요. 천둥새의 외눈박이 눈에서 나오는 날카로운 빛이 땅에 떨어지면 번개가 돼요.

비가 많이 올 때면 아프리카의 요루바족은 마을의 주술사들을 모아 제사를 지냈어요. 주술사들이 머리에 도끼를 이고 있는 상고 상 주위를 에워싸고 비를 멎게 해 달라고 빌었어요.

멕시코의 아즈텍인들은 옥수수와 호박, 토마토가 잘 자랄 수

＊ 상고상은 요루바족이 믿는 천둥과 번개를 다스리는 신이에요.

있게 좋은 날씨를 만들어 달라고 틀락록에게 제사를 지냈어요. 틀락록은 이 지역의 비와 천둥, 번개를 다스리는 신이에요. 아즈텍인은 제사를 정성껏 지내면 틀락록이 비의 요정을 많이 만들어 줄 거라고 믿었지요.
일본에선 번개신이 큰북을 쳐서 번개와

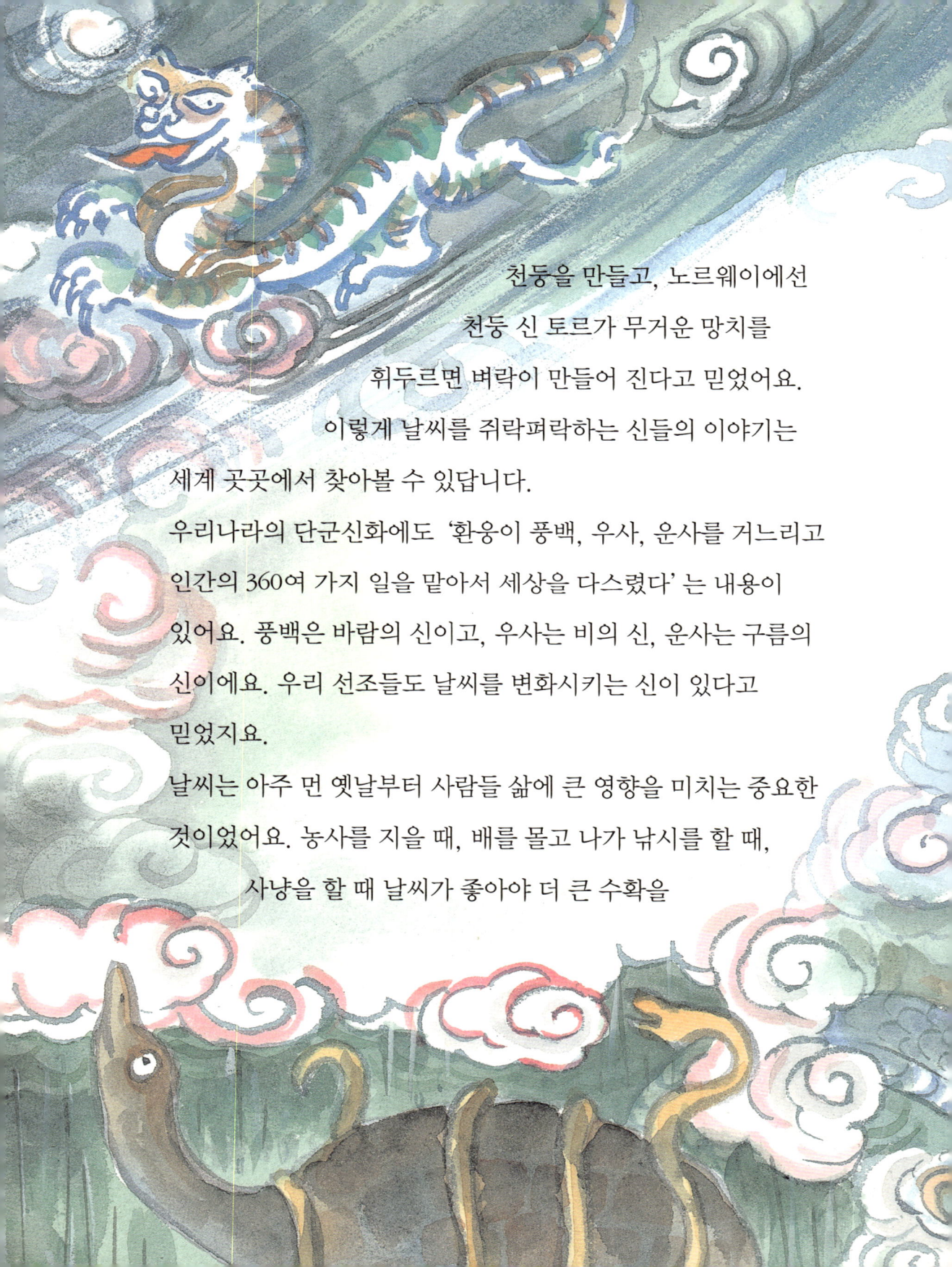

천둥을 만들고, 노르웨이에선 천둥 신 토르가 무거운 망치를 휘두르면 벼락이 만들어 진다고 믿었어요. 이렇게 날씨를 쥐락펴락하는 신들의 이야기는 세계 곳곳에서 찾아볼 수 있답니다.

우리나라의 단군신화에도 '환웅이 풍백, 우사, 운사를 거느리고 인간의 360여 가지 일을 맡아서 세상을 다스렸다' 는 내용이 있어요. 풍백은 바람의 신이고, 우사는 비의 신, 운사는 구름의 신이에요. 우리 선조들도 날씨를 변화시키는 신이 있다고 믿었지요.

날씨는 아주 먼 옛날부터 사람들 삶에 큰 영향을 미치는 중요한 것이었어요. 농사를 지을 때, 배를 몰고 나가 낚시를 할 때, 사냥을 할 때 날씨가 좋아야 더 큰 수확을

※ 기상캐스터란 뉴스에서 날씨를 알려주는 사람이에요.

거둘 수 있으니까요. 하지만 날씨는 미리 알 수 있는 것이 아니었어요. 햇빛이 쨍쨍 비치다 갑자기 비가 오는 등 날씨는 자꾸 변하니까요. 옛날에 사람들은 날씨가 왜 변하는지 도무지 알 수 없었어요. 그래서 이렇게 생각한 거예요. '아, 날씨는 하늘의 신이 조종하는 거구나!' 하고 말이에요.

하지만 정말 날씨가 신들이 조종하는 걸까요? 신에게 정성껏 제사를 지내면 날씨가 정말 변할 수 있을까요?

날씨와 기후

소풍 가기 전날 밤, 과자도 카메라도 돗자리도 모두 챙겼어요. 아침에 엄마가 김밥을 싸주신다고 장도 봐 오셨고요. 소풍 갈 준비 끝!

그런데… 한 가지 걱정이 남았어요. 준비는 다 했지만 내일 날씨가 어떻게 될지 모르겠어요. 그래서 마루로 나가 TV를 틀었어요. 때마침 기상캐스터가 나와 이렇게 말하네요.

"내일은 구름 한 점 없는 화창한 날씨입니다."

날씨란 비가 오거나 눈이 오거나, 바람이 불거나 바람이 잠잠하거나, 기온이 낮거나 기온이 높거나 하는 등 어느 지역의 대기 상태를 나타내는 말이에요. 날씨는 항상 똑같지 않아요. 갑자기 비가 오기도 하고 다시 맑아지기도 하지요. 지역에 따라서도 달라요. 하지만 변화무쌍한 날씨도 오랜 기간을 두고 살펴보면 되풀이되는 모습을 가지고 있어요. 우리나라에 따뜻한 봄, 더운 여름, 서늘한 가을, 추운 겨울이 해마다 찾아오는 것처럼 말이에요. 이와 같이 여러 해 동안 한 지역에 일정한 모습을

보여준 날씨를 기후라고 해요.
적도지방은 1년 내내 더운 열대 기후,
극지방은 1년 내내 추운 한대 기후,
중위도지방은 계절 변화가 뚜렷한 온대 기후 등 기후는 지역마다 달라요.
시시각각 변하는 날씨와 달리 기후는 변하는데 오랜 시간이 걸려요. 태양을 도는 지구의 움직임이 변하거나 지구 자전축의 기울기와 방향이 바뀌면 기후가 변해요. 또 대륙이 이동해서 육지와 바다의 위치가 달라지거나 빙하의 양과 위치가 변하면 기후가 변할 수 있어요. 날씨와 기후 모두 옛날 사람들이 생각했던 것처럼 신들이 맘대로 변하게 하는 것이 아니랍니다.

> 아이스크림이나 에어컨은 선선한 여름보다 무더운 여름에 더 잘 팔린대요. 이렇게 잘 팔리는 상품이 날씨에 따라 정해져서 요즘엔 날씨 정보를 사고 파는 회사도 생겼답니다.

금성과 화성의 기후는 지구와 달라요

태양과 달 다음으로 하늘에서 밝게 빛나는 별이 보여요. 바로 금성이에요. 금성은 밤하늘의 다른 어떤 별보다 아름답게 반짝여서 서양에서는 미의 신인 비너스라고 불러요. 우리나라에서는 새벽에 보이는 금성은 샛별, 초저녁에 보이는 금성은 태백성이라고 부르지요. 금성은 지구와 가장 가까이 있는

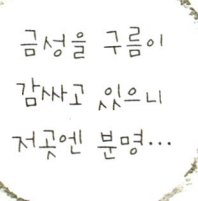

금성을 구름이 감싸고 있으니 저곳엔 분명…

행성이에요. 크기와 질량이 지구와 거의 같아서 지구의 쌍둥이 혹은 자매 행성이라고 불러요.

금성은 아주 두꺼운 구름에 덮여 있어요. 이 두꺼운 구름이 태양빛을 반사시켜 밤하늘에서 가장 반짝이는 별처럼 보이게 하는 거예요. 예전에 과학자들은 이 두꺼운 구름을 보며 이렇게 상상했어요. '구름은 물이 증발해서 만들어지는 거야. 그렇다면 금성에는 지구보다 훨씬 많은 물이 있겠지? 물이 많으면… 늪지도 있지 않을까?' 하고 말이에요.

금성만큼 밤하늘에서 쉽게 찾을 수 있는 별이 또 있어요. 밤하늘에서 붉게 빛나는 화성이에요.

화성은 극지방에 얼음으로 뒤덮인 극관이 있어서 마치 하얀 모자를 쓴 것처럼 보여요. 사람들은 계절마다 색이 달라지는 화성을 보며 화성에 식물이 살고 있다고 생각했어요. 우리나라 산이 계절에 따라 여러 가지 색깔로 변하는 것처럼 화성의 색이 달라지는 것도 같은 이유라고 짐작했거든요. 사람들은 화성을 바라보며 화성에 물도 있고 식물도 자라니까 우리와 같은 생명체가 살고 있지 않을까 생각했어요.

하지만… 현재 태양계에 있는 행성 중 우리와 같은 생명체가 살고 있는 곳은 지구뿐이라는 사실이 밝혀졌어요. 왜 그럴까요? 금성에 있는 두꺼운 구름은 지구의 구름처럼 빗방울이 모여 있는 것이 아니에요. 단단한 플라스틱도 녹일 수 있는 황산으로 이뤄져 있지요. 금성의 평균 온도는 470℃나 돼요. 겉보기에는 아름답게 반짝여서 미의 신이라고 불리지만 실제로는 생명체가 살 수 없는 지옥 같은 환경이지요.

화성에는 물이 흘렀던 흔적은 있지만 지금은 물도 없고 식물도 자라지 않는다는 것이 밝혀졌어요. 화성의 평균 온도는 영하 65℃로 화성은

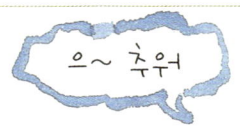

으~ 추워

아주 추운 곳이에요. 금성은 너무 뜨겁고 화성은 너무 추워서 두 곳 모두 생명체가 살 수 없는 환경이에요. 하지만 지구는 평균 기온이 15℃로 생명체가 살아가기에 아주 좋아요. 왜 화성과 금성 그리고 지구가 이렇게 다른 환경을 갖게 되었을까요? 그 비밀의 열쇠는 바로 공기가 쥐고 있답니다.

헥, 덥다!

대기가 지구의 체온을 조절해요

달과 지구는 태양으로부터 열에너지를 받아요. 둘 다 태양과 떨어진 거리가 비슷해서 거의 같은 양의 열에너지를 받지요. 그런데 지구의 평균 온도는 15℃이고 달의 평균 온도는 영하 18℃예요. 왜 이렇게 온도의 차이가 나는 걸까요?

그건 바로 지구를 감싸고 있는 대기 때문이에요. 지구의 대기는 여러 가지 성분으로 이뤄져 있어요. 질소와 산소가 99%를 차지하고 나머지 1%를 이산화탄소, 아르곤, 오존, 헬륨 등의 기체가 차지하고 있지요. 이 중에 지구의 온도를 조절하는

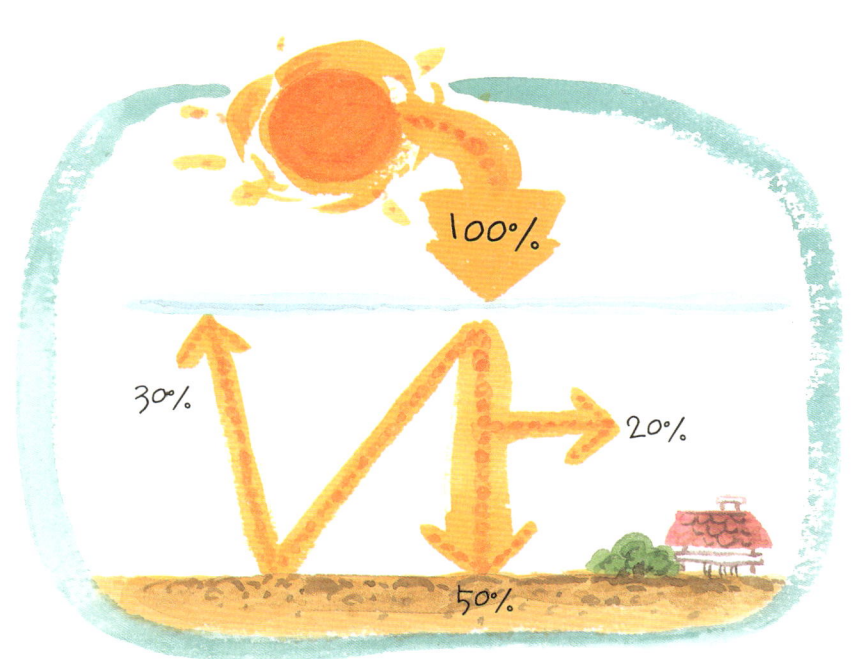

지구에 들어오는 태양에너지의 양을 100%라 하면 이 중 30%는 구름이나 지표면에 반사돼 우주 공간으로 들어가고 70%만이 지구로 들어와 20%는 대기에 50%는 지표면에 흡수돼요.

굉장한 마법사가 있어요. 바로 이산화탄소와 수증기예요. 지구는 태양으로부터 열에너지를 매일 받지만 온도가 계속 올라가진 않아요. 태양으로부터 받은 에너지와 같은 양의 에너지를 우주로 내보내기 때문이에요.

지구가 우주로 에너지를 내보낼 때 그 에너지의 형태는 적외선이에요. 적외선은 우리 눈에 안 보이고 열로만 느낄 수 있어요. 하지만 방울뱀은 머리에 아주 예민한 열 감각 기관이 있어서 적외선을 볼 수 있지요.

"응, 맞아, 난 다 보고 있어. 지구가 에너지를 우주로 내보낼 때 그 일부가 지구 대기에 붙잡혀. 태양에너지는 쏙쏙 잘 들어오는데 말야."

무슨 얘기냐고요? 방울뱀이 본 건 바로 대기 중의 이산화탄소와 수증기가 우주로 나가는 에너지의 일부를 붙잡는 온실효과예요. 왜 하필 온실이냐고요? 온실은 계절에 상관없이 식물이 잘 자랄 수 있는 따뜻한 환경을 만들어 주는데, 대기 중의 이산화탄소와 수증기도 온실처럼 지구에 언제든 수많은 생명체가 살 수 있는 환경을 만들어 주니깐요. 만약 이들이 없었다면 지구도 달처럼 태양에너지를 받아도 추운 곳이 됐을 거예요.

지구의 독특한 대기

대기란 행성을 둘러싸고 있는 기체를 말해요. 금성과 화성에도 대기가 있지요. 하지만 금성의 평균 온도는 470℃이고 화성은 영하 65℃예요. 대기를 가지고 있는데도 불구하고 지구와 다른 환경을 갖는 이유는 뭘까요?

금성은 지구보다 태양에 더 가까워서 태양에너지를 지구보다 더 많이 받는데다가 금성의 대기에는 온실효과를 일으키는 이산화탄소가 굉장히 많아요. 그래서 금성도 지구처럼 받은 태양에너지를 우주로 내보내는데, 그 대부분이 공기 중의 이산화탄소에 붙잡혀서 금성의 온도는 아주 높은 거예요.

화성은 지구보다 태양과 멀리 떨어져 있어서 지구보다 태양

수성 금성

에너지를 덜 받아요. 또 화성의 대기에는 이산화탄소 같은 온실기체가 거의 없어서 화성이 내보내는 열에너지의 대부분이 우주 공간으로 달아나지요. 그래서 화성의 평균 온도는 영하 65℃로 아주 낮은 거예요.

금성은 온실기체가 너무 많아서, 화성은 온실기체가 너무 없어서 지구처럼 수많은 생명체가 살 수 있는 행성이 될 수 없었던 거예요. 이제 왜 지구의 대기가 특별한지 알겠지요?

대륙이 움직여서 기후가 달라져요

우리가 딛고 서 있는 땅은 사실 아주 조금씩 움직이고 있어요. 땅을 다른 말로 지각이라고 해요. 지각은 과일 껍질처럼 지구의 겉을 둘러싸고 있지요. 지각 위에 산도 있고 땅도 있고 바다도 있는 거예요. 지각의 밑 부분은 '판'이라고 부르는 여러 개의 큰 조각들로 나뉘어져 있어요. 이 판들은 맨틀 위에 떠 있지요.

맨틀은 지구 속의 대부분을 차지하는 물질로 아주 뜨거운 젤리 같아요.

고체와 액체의 성질을 다 가지고 있지요.

맨틀은 아주 천천히 계속 움직여요. 그 움직임에 따라 맨틀 위에 떠 있는 판과 판이 서로 부딪치기도 하고 어긋나기도 하고 멀어지기도 하지요. 이러한 지구 내부의 변화로 인해 대륙의 모습과 위치가 계속 변했어요. 몇 천 몇 만 년의 긴 시간이 걸려서요. 그리고 대륙의 움직임에 따라 지구의 기후도 변했답니다.

바닷속이 북적대기 시작했어요

5억 년 전, 대부분의 대륙은 적도 부근에 모여 있었어요. 육지의 많은 부분이 얕은 물에 잠겨 있었지요. 이 당시 지구는 전체적으로 따뜻한 기후였어요.

얕고 따뜻한 바다는 생물들이 살기 좋은 곳이었지요. 따뜻한 바다 밑바닥에는 둥근 가지처럼 생긴 해면이 붙어살았어요. 해면은 몸에 있는 작은 구멍으로 바닷물을 빨아들인 다음 꼭대기에 있는 구멍으로 바닷물을 내뿜어요. 해면 옆으로 줄기

* 대륙은 지구에서 바다를 제외한 아주 넓은 땅을 말해요.

＊삼엽충은 몸이 세 부분으로 나누어져서 붙여진 이름이에요.

끝에 먼지떨이 모양의 팔이 달린 빨강, 노랑, 주황색의 바다나리가 바닷물의 흐름에 따라 이리저리 춤을 추고 있네요. 고운 모래가 깔린 바닥에는 껍질이 단단해 보이는 삼엽충이 기어가고 있어요. 이 밖에 산호와 해백합 등 따뜻한 바다를 좋아하는 생물들로 바다는 북적대기 시작했어요.

빙하가 생겼다가 녹았어요

4억 4천만 년 전에는 대부분의 대륙이 지구에서 태양빛을 적게 받는 곳 중 하나인 남극 근처로 옮겨 갔어요. 육지에 커다란 얼음 덩어리가 만들어지고 바닷물도 얼어서 얕은 바다는 밑바닥이 그대로 드러났어요. 이때 삼엽충을 비롯해 따뜻한 바다에 살던 수많은 생물이 사라졌지요. 전체 생물의 70%가 사라진 지구 최초의 대멸종이었어요. 이 혹독한 시기는 대륙이 다시 적도 부근으로 이동하면서 사라졌어요. 대륙의 얼음이 녹으면서 바닷물의 양이 늘어났고 바다에서 다시 생명의 기운이 꿈틀거리기 시작했어요.

울창한 고사리 숲이 만들어졌어요

3억 년 전 대륙은 북극에서 남극까지 일렬로 줄지어 있었어요. 이때 지구는 전체적으로 기온이 아주 낮은 빙하시대였어요. 남반구 대부분은 두꺼운 얼음으로 덮여 있었고, 북극해에는 얼음 덩어리들이 떠다녔어요. 하지만 적도 지역은 덥고 비도 많이 와서 공기가 눅눅했지요. 적도 지역엔 늪을 가진 거대한 숲이 있었는데 이 숲을 이룬 식물은 오늘날의 식물과는 아주 달랐어요.

3억 년 전

'인목'이라고 불리는 식물은 마치 다람쥐 꼬리 같은 털이 전봇대에 달린 모양으로 키가 굉장히 컸어요. 큰 것은 30m가 넘었지요. 이땐 모든 식물들이 쑥쑥 자라 고사리조차도 키가 10m나 됐어요. 키가 큰 고사리와 인목이 빽빽하게 들어선 울창한 숲 때문에 공기 중에 식물이 만들어 낸 산소가 아주 풍부했어요.

숲에 사는 벌레의 몸집도 아주 컸어요. 잠자리처럼 생긴 메가네우라는 한쪽 날개 끝에서 다른 쪽 날개 끝까지의 길이가 70cm나 됐어요. 납작한 몸통에 노래기처럼 다리가 많이 달린 아르트로플레우라는 길이가 2m나 되었답니다.

2억 3천만 년 전

기후가 건조해졌어요

2억 3천만 년 전, 지구의 대륙은 모두 하나로 뭉쳤어요. 이 거대한 대륙을 '초대륙'이라고 해요. 초대륙의 기후는 건조했어요. 물이라곤 찾아볼 수 없는 사막처럼요. 초대륙의 기온은 밤에는 0℃까지 내려가고 낮에는 40℃까지 올라갔어요.

초대륙에는 덥고 습한 기후에서 자라던 고사리와 인목은 사라지고 잎이 뾰족한 침엽수가 많아졌어요. 침엽수는 잎이 바늘처럼 생겨서 잎에서 공기 중으로 달아나는 물의 양을 최대한 줄일 수 있어요. 건조한 기후에 잘 견디지요.

기후가 건조해지면서 바다와 육지에 살던 생물의 90% 이상이 멸종했어요. 엄청난 일이었지요.

하지만 건조한 기후에 잘 적응한 동물도 있었어요. 파충류는 물기가 거의 없는 땅 위를 돌아다닐 수 있는 튼튼한 발과 단단한 비늘이 피부를 덮고 있어서 건조한 기후에 잘 적응했어요.

※ 장어룡과 어룡은 물에 살던 파충류에요. 파충류는 거북이, 악어, 뱀, 공룡처럼 몸이 단단한 비늘로 덮인 척추동물이에요.

기후를 변화시키는 대륙 이동

2억 년 전 바닷물의 높이는 지금보다 100m 이상 높았고, 바다에 사는 생물의 수도 엄청나게 많이 늘었어요. 장경룡과 어룡이 바닷속을 주름잡았지요.
육지에 공룡도 많아졌지요. 이때는 공룡이 세상을 지배하던 때로 지구 역사상 가장 따뜻한 시절이었어요. 왜 그렇게 따뜻했냐고요?

너무 덥지 않니?

대륙이 이동할 때 대륙 아래의 크고 작은 판들이 서로 부딪혀 산맥이 만들어져요. 그 중 바닷속에 만들어진 산맥을 해령이라고 해요. 해령은 지구 안쪽의 열과 이산화탄소가 밖으로 빠져 나가는 배출구와 같아요. 이 당시엔 바닷속에 해령이 많이 만들어졌어요. 그래서 이곳을 통해 많은 열과 이산화탄소가 밖으로 나오면서 지구의 기온이 많이 오른거예요.

대륙은 지금도 조금씩 이동하고 있어요. 하지만 기후가 달라지고 생태계가 변하는 대륙의 이동은 적어도 수백만 년이란 긴 시간이 필요하답니다.

운석이 떨어지고 화산이 폭발하면 기후가 변해요

"쿵, 쾅"
우주를 떠다니는 운석이 지구와 충돌할 때는 엄청난 폭발이 일어나요.
약 6,500만 년 전에 지름이 10km나 되는 거대한 운석이 멕시코 유카탄 반도에 떨어졌어요. 그 충격이 얼마나 큰지 운석이 떨어진 자리에 만들어진 구덩이는 지름이 200km나 됐어요. 운석은 지구 대기권을 통과하면서 거대한 불덩이가 돼서 떨어졌어요. 뜨거운 운석이 떨어지면서 바다는 들끓고 대지는 불타버렸지요. 이때 많은 양의 이산화탄소가 발생해 지구 대기의 기온이 오르는 온실효과가 일어났어요. 하지만 기온이 오르는

것은 잠시뿐이었어요.
운석이 땅에 떨어지면서 만들어
낸 엄청난 양의 돌가루와 먼지가
태양빛을 막는 거대한 먼지 구름을
만들었거든요. 먼지 구름에 가려 몇 달 동안
태양빛을 받지 못한 지구의 기온은 뚝뚝
떨어지고 기후는 건조해졌어요.

"우르르, 꽝"

1815년 인도네시아의 탐보라 화산이 폭발했어요. 부글부글
끓고 있는 시뻘건 마그마와 함께 뜨거운 수증기가 땅속에서
뿜어져 나왔어요. 이때 만들어진 엄청난 양의 화산재와 먼지가
화산 가스와 함께 공기 중으로 솟아올라 두꺼운 먼지 구름을
만들었어요.

이 때문에 인도네시아는 태양에너지를 가장 많이 받는 적도 지역에 있는데도 그 해 내내 태양빛을 보기 힘들었어요. 화산 폭발이 일어난 다음 해 여름에는 기온이 영하로 뚝 떨어져 서리가 내릴 정도였답니다.

1883년 인도네시아의 크라카타우 화산이 폭발했을 때는 이보다 더 큰 먼지 구름이 만들어 졌어요. 섬의 3분의 2가 다 사라져 버린 엄청난 화산 폭발로 만들어진 화산재는 수천 킬로미터나 떨어진 유럽의 하늘까지 덮어 버릴 만큼 거대한 먼지 구름을 만들었어요. 단 몇 달 만에 지구 전체 온도는 0.3℃나 내려갔어요. 운석이 폭발할 때나 화산이 폭발할 때 만들어진 두꺼운 먼지 구름은 태양빛을 가려 지구의 기온을 변화시켰답니다.

✷ 서리는 공기 중의 수증기가 그대로 어는 작은 얼음이에요.

지구의 기우뚱 운동으로 달라지는 기후

지구는 돌기 대장이에요. 혼자 빙글빙글 돌면서
동시에 태양 주위도 돌고 있거든요. 지구처럼 제자리 돌기를
하면서 운동장을 한 바퀴 돌아보세요. 아마 금세 어지러워서
넘어질거예요. 하지만 지구는 넘어지지 않아요. 왜냐하면
지구에는 중심을 잡아 주는 축이 있거든요. 남극과 북극을
연결하는 자전축이요. 이 덕분에 지구는 빙그르 잘 돌아요.
그런데 지구의 자전축은 한쪽으로 기울어져 있어요. 그래서
지구가 태양 주위를 돌 때, 어떤 때는 북반구 쪽이 태양에 가깝고
어떤 때는 남반구 쪽이 태양에 가까워져요. 북반구 쪽이 태양에
가까울 땐 그 지역은 더운 여름이고, 그 반대편인 남반구 지역은

※ 지구는 하루에 한 바퀴씩 돌아 지구에 낮과 밤이 오는 거예요.

추운 겨울이에요. 이와 반대로 남반구 쪽이 태양에 가까울 땐 북반구가 겨울, 남반구가 여름이지요. 지구가 자전축이 기울어진 상태로 태양 주위를 돌아서 북반구와 남반구의 계절이 반대이고, 계절의 변화가 있는 것이지요. 또 지구는 지역마다 기후가 달라요. 적도지방은 지구의 가운데 부분으로 태양빛이 땅 표면에 거의 수직으로 들어와서 일 년 내내 더운 열대 기후예요. 극지방은 지구의 꼭대기 부분으로 태양빛이 땅

표면에 거의 수평으로 들어와서 일 년 내내 추운 한대 기후지요. 같은 양의 태양빛이어도 땅 표면에 수직으로 들어올 때가 수평으로 들어올 때보다 더 많은 양의 태양에너지를 흡수할 수 있어서 이렇지 기후가 다른 거예요.

지구는 팽이처럼 회전하고 있어요

지구의 자전축은 한 방향에 고정돼 있지 않아요. 팽이를 돌려보세요. 팽이의 회전축이 지면에 수직으로 서 있으면 팽이는 비틀거리지 않고 똑바로 돌아요. 하지만 팽이의 회전축이 기울어져 있으면 팽이는 제자리에서 똑바로 돌지 않고 비틀거리며 돌게 돼요. 지구의 자전축도 팽이의 회전축처럼 비틀거리며 움직여요. 하지만 아주 아주 천천히요.

과학자들이 지구 자전축이 팽이 축처럼 한 바퀴 도는 데 걸리는 시간을 계산해 보니 약 26,000년이 걸린대요. 즉 지금으로부터 약 13,000년이 지나면 지구 자전축의 방향이 지금과 반대가 되는 거예요. 자전축의 방향이 바뀌면 어떤 일이 일어날까요? 자전축의 방향이 바뀌면 여름과 겨울이 일어나는 위치가 반대가 돼요. 그러니까 크리스마스가 있는 12월에 우리나라가 있는 북반구 지역이 여름 계절을 맞이하는 것이지요.

또, 자전축의 기울기가 변하기도 해요. 지금은 23.5° 기울어져 있지만 41,000년마다 21.5°에서 24.5°까지 기울기가 왔다갔다해요. 지구가 태양에 더 기울어지거나 덜 기울어지는 변화 때문에 여름과 겨울의 온도 차이가 커지거나 작아진답니다.

하나 더, 지구가 태양 둘레를 도는 길의 모양이 원형에서 타원형으로 변할 수 있어요. 지구가 태양 둘레를 원형으로 돌 땐 태양과의 거리가 계속 일정한 반면, 타원형으로 돌 땐 태양과의 거리가 변해요. 그러면 계절의 기온 차가 굉장히 커져요. 하지만 이러한 변화는 10만 년이라는 긴 시간이 걸려야 일어난대요.

얼음 세상이 펼쳐졌어요

지구 표면의 넓은 지역이 빙하로 덮인 시기를 빙하기라고 해요. 최근 200만 년 동안 지구에는 적어도 4번의 빙하기가 있었어요. 이때 지구의 평균 온도는 오늘날보다 10~15℃ 낮았어요. 가장 최근에 있던 빙하기는 7만 년 전에 시작돼 1만 년 전에 끝났어요. 이때 유럽과 북아메리카 대륙의 북부지방을 포함한 육지의 3분의 1이 빙하로 뒤덮였지요. 바닷물도 얼어서 바닷물의 높이가 지금보다 약 100m 낮았어요.
1만 년 전, 마지막 빙하기가 끝날 무렵에는 많은 포유류가 멸종했어요. 여름과 겨울의 기온 차가 너무 커서 털이 긴 매머드나 털코뿔소처럼 몸집이 큰 초식동물이 이러한 기후 변화에 적응할 수 없었거든요. 게다가 인류가 고기와

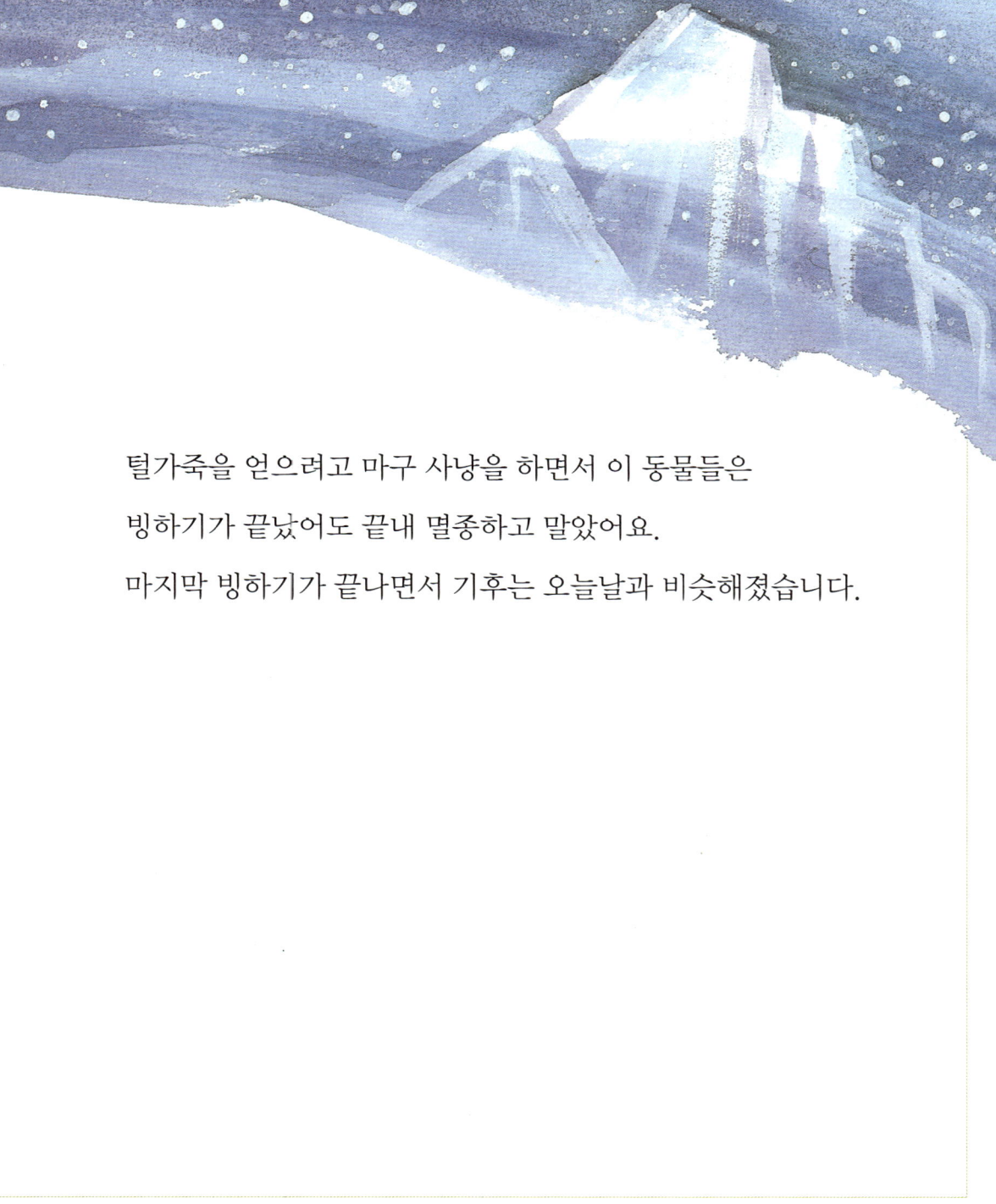

털가죽을 얻으려고 마구 사냥을 하면서 이 동물들은
빙하기가 끝났어도 끝내 멸종하고 말았어요.
마지막 빙하기가 끝나면서 기후는 오늘날과 비슷해졌습니다.

＊ 포유류는 새끼를 낳아서 젖을 먹여 기르는 척추 동물이에요. 토끼, 돌고래, 팬더, 호랑이 등이 포유류에 속하지요.

바닷물의 흐름도 기후를 변화시켜요

바닷물은 가만히 고여 있는 것처럼 보이지만 사실은 강물처럼 계속 흐르고 있어요. 바닷물의 흐름을 해류라고 하지요. 해류는 지구의 기온 조절에 큰 역할을 해요.

적도지방은 태양으로부터 많은 열에너지를 받아서 항상 열에너지가 남고, 극지방은 그 반대예요. 이때 해류는 적도지방의 남는 열에너지를 열에너지가 부족한 극지방으로 옮겨 주는 중요한 일을 해요. 만약 해류가 없었다면 적도지방은 지금보다 더 뜨거워지고 극지방은 더 추워질 거예요.

해류는 크게 한류와 난류로 나뉘어요. 극지방의 차가운 바닷물이 적도지방으로 흐르는 것을 **한류**, 적도지방의 따뜻한 바닷물이 극지방으로 흐르는 것을 **난류**라 해요. 난류가 흐르는

———— 난류
———— 한류

해안은 기온이 높고 한류가 흐르는 해안은 기온이 낮지요. 영국은 우리나라보다 훨씬 북쪽에 있지만 우리나라만큼 춥지 않아요. 따뜻한 멕시코 만류가 지나가기 때문이에요. 멕시코 만류는 적도 부근에서 출발해서 북극 근처의 노르웨이까지 흘러가는 따뜻한 해류예요.

북극 근처까지 오르면서 멕시코 만류의 온도는 점점 낮아져요. 그러면서 바다 밑으로 서서히 가라앉지요. 바닷물은 온도가

✻ 만은 육지 안으로 들어온 바다예요. 만류는 그곳 바닷물의 흐름이지요.
✻ 심층해류는 극지방에서 적도지방으로 흐르는 차가운 해류예요.

낮을수록 무거워지거든요.

차가워진 바닷물은 바다 밑을 천천히 흐르는 심층해류와 합해져서 적도지방으로 되돌아가요. 바다는 마치 물건을 자동으로 옮겨 주는 컨베이어 벨트나 가만히 있어도 저절로 움직이는 자동길(무빙워크)처럼 바다 밑의 차가운 심층해류와 바다 표면의 따뜻한 해류를 순환시켜요. 이 덕분에 지구의 기온이 조절되지요. 그런데 요즘 지구 온난화로 극지방의 빙하가 녹으면서 해류의 순환에 큰 문제가 생겼어요. 빙하가 녹으면서 바닷물이 늘어났고, 바닷물 온도도 높아져서 바닷물이 잘 가라앉지 않게 됐거든요.

해류의 순환은 릴레이 경주와 같아요. 차가운 바닷물이 밑으로 가라앉아야 따뜻한 바닷물이 바다 표면으로 올라올 수 있어요. 심층해류가 흐르지 못하면 바다 표면을 흐르던 해류도 흐를 수 없어요. 해류의 흐름이 멈추면 어떤 일이 일어날까요?

만약 적도지방의 따뜻한 열에너지를 전하는 멕시코 만류의 흐름이 멈추면, 영국을 비롯한 유럽 지역의 기온은 급격히 떨어져 빙하 시대를 맞을거예요. 지구 온난화 때문에요!

 해류가 만든 얼음 나라, 남극

남극대륙은 평균 기온이 영하 23℃인 아주 추운 곳이지요. 하지만 옛날에는 울창한 숲도 있고 공룡과 같은 동물이 살던 온화한 곳이었대요.

옛날에 남극은 '곤드와나' 라는 이름의 아주 커다란 대륙 일부였어요. 그런데 이 커다란 대륙이 쪼개지고 일부가 떨어져 나가면서 지금의 남극대륙만이 극지방에 남게 되었지요. 이때 남극 주변의 해류가 남극대륙 쪽으로 흘러드는 따뜻한 바닷물을 막았대요. 남극대륙의 온도는 점점 내려갔고 어느 새 2,000m가 넘는 두꺼운 빙하가 대륙 전체를 덮어버렸지요.

바람이 기후를 변화시켜요

차가운 해류가 흐르는 페루 앞바다는 몇 년에 한 번씩 바닷물의 온도가 갑자기 올라가요. 그럴 때면 큰비와 함께 멸치와 정어리 같은 찬물에 사는 물고기들이 사라져 버려요. 페루 어부들은 텅 빈 그물을 보며 한숨 섞인 목소리로 이렇게 말해요.
"엘니뇨가 나타났군."
엘니뇨는 적도 근처의 태평양 동쪽 바다에서 바닷물의 온도가 올라가는 현상이에요. 스페인어로 '어린 소년' 또는 '아기 예수'를 뜻해요. 엘니뇨가 보통 크리스마스 전후로 나타나서 붙여진 이름이지요. 엘니뇨와 반대로 바닷물의 온도가

비정상적으로 낮아지는 '라니냐'도 있어요. 라니냐는 '어린 소녀'를 뜻해요. 라니냐가 일어나면 페루 지역에는 가뭄이 들고, 오스트레일리아와 인도네시아에는 큰 홍수가 일어나요.
엘니뇨와 라니냐 같은 일이 왜 일어날까요?
그건 남아메리카의 서쪽 해안에서 적도 지역을 향해 부는 무역풍이라는 바람 때문이지요.
페루 앞 바다의 따뜻한 바닷물은 무역풍과 함께 적도 지역으로 흘러가요. 그러면 바다 깊은 곳에 있던 차가운 물이 그 빈자리로 올라와요. 이를 용승이라고 해요. 찬 바닷물이 올라오면 그곳의 기후는 서늘해지고 비도 잘 내리지 않게 돼요.

게다가 찬 바닷물에는 영양분과 플랑크톤이 풍부해서 물고기가 많아져요. 이때가 되면 어부들은 콧노래를 부르며 신나게 물고기를 잡지요. 그런데 간혹 무역풍의 세기가 약해져 따뜻한 바닷물이 먼 바다로 흘러가지 못할 때가 있어요. 그땐 오히려 따뜻한 바닷물이 밀려와 바닷물의 온도가 급격히 올라가요. 바로 엘니뇨가 일어난 것이지요. 라니냐는 이와 반대로 무역풍의 세기가 강해질 때 일어나는 것이고요.

평상시

엘니뇨

엘니뇨와 라니냐 모두 대기 순환에 큰 영향을 줘서 지금까지 비가 오던 곳에 비가 오지 않거나 반대로 비가 오지 않던 곳에 비가 오는 것과 같은 일을 일으켜요. 예를 들면 페루에 있는 사막 지대에 폭우가 쏟아지고, 비가 많이 오던 뉴기니와 인도네시아엔 건조한 날씨가 계속돼 산불이 나는 것처럼 말이에요.

라니냐

지구 탄생의 역사
그리고 오존(O_3)

작은 티끌로 만들어진 지구

지구보다 태양이 먼저 만들어졌어요. 태양 주위에는 가스와 먼지들이 구름처럼 모여 있었지요. 이 알갱이들이 모여들어 '미행성'이라고 하는 아주 작은 행성을 만들었어요.

"쿵, 꽝, 퍽!"

미행성은 너무 많아서 여기저기서 서로 부딪혔어요. 충돌하면서 부서지기도 했지만 부서지지 않고 한 덩어리로 뭉치기도 했어요. 점점 크기가 커지는 미행성이 생겼지요. 덩치가 커질수록 주위의 물질을 끌어당기는 힘이 세져서 미행성이 뭉친 덩어리의 크기는 점점 커졌어요. 그리고 마침내 '짠!' 하고 지구가 탄생했어요.

펄펄 끓는 마그마의 바다

지구의 덩치가 커지자 아주 중요한 일이 일어났어요. 미행성이 지구와 충돌할 때, 높은 압력과 열이 발생하면서 미행성에 갇혀 있던 수증기와 이산화탄소가 밖으로 튀어나왔어요.
그래서 지구 대기에 수증기와 이산화탄소가 많아졌어요. 수증기와 이산화탄소는 열을 붙잡아두는 성질을 갖고 있는데…
지구엔 어떤 일이 일어났을까요?
대기 중의 이산화탄소와 수증기는 미행성이 지구와 충돌할 때마다 생긴 엄청난 열을 붙잡았지요. 미행성과 부딪힐 때마다 지구는 뜨거워졌어요.
"부글, 부글."
펄펄 끓는 마그마가 지구 전체를 덮어서 지구엔 마그마의 바다가 생겼답니다.

푸른 물의 별 지구

지구로 떨어지는 미행성의 수는 점점 줄었어요. 미행성의 충돌로 만들어지는 열의 양도 크게 줄어 지구 표면의 온도는 낮아졌고, 마그마의 바다도 식기 시작했어요. 온도가 낮아지면서 ==대기 중의 수증기는 물방울로 바뀌었지요.==

"쏴아, 쏴아"

대기 중의 수증기는 물방울로 변하면서 두꺼운 구름을 만들었고, 그 구름에서 쉼 없이 비가 내리기 시작했어요. 하루도 쉬지 않고 폭포수처럼 쏟아진 비는 빠른 속도로 땅을 식혔어요. 땅 위엔 엄청난 양의 물이 고였지요. 그리하여 지구에 바다가 생겨났어요.

※ 수증기는 온도가 낮아지면 액체 상태인 물방울로 변해요.

생명의 보호막 지구 대기의 탄생

지구에 생물이 처음 태어난 곳이 바로 바다였어요. 처음엔 아주 작은 세포 한 개로 된 생물이 나타났어요. 그리고 그 다음에는 햇빛과 이산화탄소를 이용해서 산소를 만드는 생물이 등장했어요.
"뽀글, 뽀글"
시간이 지나면서 물속 식물이 만들어 낸 산소가 점점 많아졌어요. 산소가 많아지면서 지구 대기에 아주 중요한 변화가 일어났어요. 산소가 오존을 만들었거든요!

＊ 광합성은 녹색 식물이 햇빛과 공기 중의 이산화탄소를 이용해서 영양분을 만드는 과정이에요.

생물에게 해로운 자외선을 흡수하는 오존이 지구 대기에 모여 오존층이라는 든든한 보호막을 만들었어요. 그 덕분에 바다에서 태어나 진화한 생물들이 자외선의 두려움에서 벗어나 육지로 올라와 숨을 쉴 수 있게 됐답니다.

지구의 평균 기온은 지난 100년 동안 약 0.6°C가 올랐어요.
사람들 중에는 겨우 0.6°C가 올랐는데 호들갑을 떨 필요가 없다고 생각하는 사람도 있어요.
일상생활에서 이 정도의 온도 변화는 거의 느낄 수 없거든요.
하지만 평소 체온이 36.5°C였는데, 거기서 0.6°C가 오른다면 어떻게 될까요?
식은땀을 흘리고 몸 여기저기가 아파오기 시작할 거예요.

지구도 마찬가지예요.
앞으로 지구의 기온이 더 높이 올라가면 정말 심각한 일이 벌어질지도 몰라요.
더 심각한 중병을 앓기 전에 이제 지구의 건강을 진지하게 진단할 때가 되었어요.
지금도 지구는 여기저기에서 끙끙 앓고 있잖아요.

유럽과 미국이 폭염에 시달려요

"목이 마르지 않아도 물을 자주 마시세요."
"하루 두세 시간은 시원한 곳에서 지내세요."
2003년 여름, 프랑스에선 방송을 통해 사람들에게 무더위를 피하는 방법을 알려줬어요.

프랑스는 한여름이 되도 우리나라처럼 무덥지 않아서 사람들이 선풍기, 에어컨 등의 냉풍기를 많이 사용하지 않았대요. 그런데 2003년 여름엔 예년과 달리 기온이 계속 오르더니 40℃가 넘는

무더위가 발생했어요. 갑작스럽게 나타난 무더위에 몸이 약한 노인과 아이들이 목숨을 잃었지요. 1만 5천 명이나요.

최근 유럽의 여러 나라들은 여름 계절을 나기가 쉽지 않아졌어요. 2006년에 영국은 100년, 네덜란드는 300년, 스위스는 140년 만에 가장 높은 여름 기온을 기록했어요. 이러한 찜통더위로 유럽 전체에서 3만 2천명의 사람들이 목숨을 잃었어요.

유럽이 뜨거운 여름을 보낼 때 브라질 상파울루는 기온이 30℃까지 올라 60년 만에 가장 더운 겨울을 맞았답니다. 정말 지구가 열병에 걸려도 단단히 걸렸음을 여러분도 알겠지요?

✶ 브라질은 남반구에 위치해서 북반구에 있는 유럽과 계절이 반대예요.

우리나라 봄과 가을이 사라지고 있어요

우리나라도 점점 더워지고 있어요.
지난 100년 동안 우리나라의 기온은 1.5℃ 올랐어요. 같은 기간 동안 지구 전체의 평균 기온이 0.6℃ 오른 거에 비하면 굉장히 많이 오른 거예요. 지구의 기온 변화 기록을 살펴보면, 1℃ 오르는데 몇 만 년의 시간이 걸렸어요. 그런데 단 100년 만에 기온이 1℃ 이상 오른 거예요.

기온이 변하면서 우리나라의 기후도 변하고 있어요. 온대 기후인 우리나라는 4계절의 변화가 뚜렷했어요. 그런데 최근 과학자들이 조사한 결과 봄과 가을의 날수가 점점 짧아지고 있대요. 여름은 15일 이상 늘고 겨울은 30일이 줄었대요. 하루 중 최저 온도가 25℃ 이상인 열대야가 발생하는 날도 예년보다 두 배 이상 늘었고요.

과학자들은 우리나라의 기후가 아열대 기후로 변하고 있대요. 아열대 기후는 월평균 기온이 10℃ 이상인 달이 8개월 이상 계속되는 기후예요. 일정 기간 비가 집중적으로 내리는 우기와 일정 기간 비가 오지 않는 건기가 번갈아 나타나고요.

환경부에서는 앞으로 6℃만 더 올라도 산림생물이 멸종하고 사람들 건강도 나빠질 수 있대요. 말라리아 같은 열대성 질병에 걸릴 수도 있고요.

※ 하루 평균 기온이 5℃ 이하면 겨울이고 20℃ 이상이면 여름이라고 해요.

하늘이 보이지 않아요

따뜻한 봄철, 뿌연 먼지 안개가 하늘을 가득 메우기 시작했어요. 봄의 불청객 황사예요.

황사는 먼 옛날부터 있던 모래 먼지예요. 신라 아달라왕 땐 황사를 하늘에서 흙이 비처럼 떨어졌다는 의미로 우토(雨土)라고 불렀대요.

그런데 요즘 우리나라에 찾아 오는 황사는 일상생활을 방해할 만큼 강력한 황사가 되었어요. 예전보다 훨씬 더 자주 일어나고요. 왜 황사가 점점 강해지고 잦아진 걸까요? 그건 중국의 경제 개발 속도가 빨라지면서 환경의 변화가 심각해지고 있기 때문이에요. 중국은 지금 지나친 방목과 벌목으로 모래를 잡아주는 초목의 수가 많이 줄었어요. 또 지구 온난화로 기후가 건조해지면서 사막의 크기도 점점 커지고 있고요. 그래서 우리나라로 날아 오는 황사의 세력이 점점 강해지고 있어요.

황사는 사람들의 건강을 위협해요. 굉장히 작은 먼지가 눈이나

✱ 방목은 소나 양과 같은 가축을 풀밭에 풀어놓고 기르는 것이고 벌목은 나무를 베는 일을 말해요.

콧속으로 들어와 호흡기 질병이나 알레르기 등을 일으킬 수 있어요. 가려움증 같은 피부병도 생길 수 있고요.

소와 돼지 등의 가축도 호흡기 질환에 걸릴 수 있대요.

황사는 비닐하우스 속에 자라는 식물에게도 나쁜 영향을 끼쳐요. 황사가 비닐하우스 위로 쌓이면 비닐하우스 안에 자라는 작물들이 햇빛을 잘 받지 못해 웃자라요. 웃자란다는 말은 쓸데없이 키단 많이 자라 연약하게 큰다는 거예요. 애호박은 열매가 여물기도 전에 떨어져 버리고 고추는 잎색이 변하고 모양도 이상하게 자라요.

황사가 발생하면 항공기 회사들은 비행기를 정비하고 씻느라 바빠져요. 비행기 엔진에 미세한 먼지가 들어가면 사고가 일어날 가능성이 높아지거든요.

또 황사야, 콜록콜록

＊LCD는 컴퓨터 모니터, 휴대전화기 액정, TV 브라운관 등에 쓰이는 화면 기술이에요.

반도체와 LCD를 만드는 회사도 황사에 큰 피해를 입을 수 있어요. 반도체와 LCD 같은 정밀 제품들은 아주 적은 양의 먼지가 들어가도 불량품이 되거든요.
중국도 황사로 큰 피해를 보고 있어요. 황사의 규모가 커지면서 나타난 거대한 모래 폭풍에 농경지, 마을, 길 등이 파괴되고 사라졌어요. 길에서 모래 폭풍을 만난 아이들이 숨을 쉴 수 없어 질식해 버리는 일도 있었지요.

이에 중국 정부도 사막 지역에 물을 끌어와 나무를 심고, 방목을 줄이는 등 황사의 피해를 막으려고 노력하고 있어요. 효과는 금세 나타나지 않고 있지만 다른 나라와 함께 노력을 계속 한다면 분명 좋은 결과가 보이겠지요?

이산화탄소가 점점 많이 쌓이고 있어요

한 교수의 연구 결과가 발표되자 사람들은 깜짝 놀랐어요.
'어떻게 이 정도가 될 때까지 몰랐던 거지?'
'대기에 뭔가 이상한 일이 일어나고 있어!'
사람들은 걱정스런 표정을 지으며 저마다 한마디씩 말했지요. 어떤 연구 결과였냐고요?
미국의 킬링 교수가 1958년부터 2000년까지 하와이에서 대기 중의 이산화탄소 농도를 측정한 연구 결과예요. 하와이는 태평양 한가운데 솟아오른 화산섬들로 이루어져 있어요. 이곳

주변엔 공기를 오염시키는 산업 단지가 없어서 공기 중에 있는 이산화탄소의 양이 어떻게 변하는지 정확히 알 수 있어요.
다음 그래프를 보세요. 이산화탄소의 농도가 1958년에는 315ppm이었는데 2000년에는 370ppm으로 늘어났어요. 370ppm은 대기를 이루고 있는 기체 분자 100만 개 중에 이산화탄소 분자가 370개 포함돼 있다는 거예요.
그래프를 보면 이산화탄소 농도가 톱날같이 울퉁불퉁한 모습으로 증가하고 있어요. 왜 그럴까요?
이산화탄소 농도가 톱날 모양으로 증가한 이유는 계절이 변하기 때문이에요. 여름엔 겨울보다 식물의 광합성 작용이 활발해서 공기 중의 이산화탄소의 양이 줄어요. 그리고 겨울엔 난방 등의 이유로 여름보다 화석 연료를 많이 써서 공기 중에 뿜어져

＊ 1ppm은 100만 분의 1의 농도를 나타내는 단위예요.

나오는 이산화탄소의 양이 늘지요. 여름엔 이산화탄소의 양이 줄고 겨울엔 늘어서 그래프의 모양이 들쑥날쑥한 거예요. 하지만 전체적으로 이산화탄소 농도는 해마다 증가하고 있어요. 왜냐하면 석탄, 석유 등의 화석 연료의 사용량은 매해 늘어나고 있거든요.

이산화탄소는 온실 기체예요. 온실 기체로 인해 지구의 기온이 높아지는 온실효과는 지구환경의 자연스런 현상이었어요. 하지만 인류의 활동으로 늘어난 이산화탄소 때문에 지구의 기온이 오르는 건 자연스런 일이 아니에요. 생태계와 인류 모두를 위협하는 일이지요.

※ 소가 방귀 뀌고 트림할 때 나오는 메탄도 온실효과를 일으킨대요. 그래서 과학자들은 소의 소화 능력을 높여서 트림을 억제할 수 있는 물질을 개발하고 있답니다.

열대우림이 파괴되고 있어요

비가 많이 내리고 무더운 적도 주변엔 열대우림이 있어요. 키가 수십 미터나 되는 나무들이 빼곡히 들어선 울창한 숲이지요. 열대우림은 '지구의 허파'라고 불릴 만큼 엄청난 양의 산소를 만들어내는데 지금 이곳이 빠른 속도로 파괴되고 있어요. 인도네시아 보르네오 섬에서는 야자 농장을 만들려고 아름드리나무들을 마구 베어내고 있어요. 나무를 베어낸 자리에는 야자 농장이 들어서요. 식품, 화장품, 바이오 연료 등에 사용되는 야자기름을

* 1ha(헥타르)는 넓이를 나타내는 단위로 가로, 세로 각각 100m짜리인 사각형 땅의 넓이예요.

얻으려고요. 해마다 이곳에서 120만 ha(헥타르)의 숲이 사라지고 있어요.

남아메리카 아마존 강 일대의 열대우림도 심각하게 파괴되고 있어요. 땅속의 석유와 천연자원을 개발하려고요. 아마존 강의 열대우림은 세계 산림의 30%를 차지하며 지구 산소량의 20%를 만들어 내는 곳이지요. 자원 개발을 위해 열대우림을 파괴하는 일은 당장 눈앞의 이익은 얻을 수 있지만 결국엔 스스로의 삶을 파괴하는 일이 될 거예요. 열대우림이 파괴되면 대기 중의 이산화탄소를 흡수하는 식물의 수가 급격히 줄어 지구 기후에 큰 변화를 일으킬 수 있어요. 또 열대우림에서 살던 수많은 동물들이 멸종 위기에 처한답니다.

미지근한 물속 개구리의 운명은?

1854년 미국 피어스 대통령은 인디언 추장 시애틀에게 그들이 살고 있는 땅을 팔라고 했어요. 이때 시애틀은 다음과 같이 말했어요.

"백인들이 우리 땅을 사고 싶다고 말했다. 우리는 묻고 싶다. 그들이 사고자 하는 것이 대체 무엇인지를. 우리는 대지의 일부분이며 대지는 우리의 일부분이다. 들꽃은 우리의 누이이며 순록과 말과 독수리는 우리의 형제다. 우리가 발 딛고 있는 이 땅은 우리 조상들의 몸과 같다. 그래서 이 땅의 모든 것은 우리에게 신성하다. 우리는 대지를 존중한다. 대지가 풍요로울 때 우리의 삶도 풍요해지는 것이다.

그런데 어떻게 대지의 따뜻함을, 공기를 사고 팔 수 있단 말인가?
우리가 우리 아이들에게 가르치듯 당신들도 당신들의
아이들에게 가르쳐야 한다. 대지가 인간에게 속한 것이 아니라
인간이 대지에 속해 있다는 것을. 세상의 모든 것은 하나로 묶여
있고 모두가 한 식구로 연결되어 있다는 것을."
인디언에게 자연은 사람과 같은 생명체로 땅, 하늘, 공기, 물,
식물, 동물 등의 모든 것이 서로 그물처럼 연결되어 있는
것이었어요. 인간도 그물을 이루는 하나의 그물코로 자연을
뛰어넘는 존재라고 생각하지 않았어요. 인디언은 자연과 인간이
조화를 이루며 살아가는 방법을 잘 알고 있었지요.
지구환경을 걱정하는 과학자들은 환경의 변화를 느끼면서도
이에 관심을 갖지 않는 사람들을 '뜨거운 물속의 개구리'와
같다고 해요. 개구리를 뜨거운 물이 담긴 통에 넣으면 개구리는
놀라서 재빨리 통 밖으로 뛰어 나와요. 하지만 미지근한 물이
담긴 통에 개구리를 넣고 서서히 물을 데우면 개구리는 가만히
있대요. 개구리의 운명은 어떻게 될까요? 누군가 구조하지

않으면 죽고 말거예요.

자연환경은 조금씩 천천히 변하기 때문에 그 변화를 쉽게 알아채지 못해요. 알아차린다 해도 당장 해결해야 할 문제라고 생각하지 않을 때가 많아요. 그래서 미지근한 물속의 개구리처럼 반응하는 사람들이 많아요. 위기를 위기로 판단하지 못하는 거예요. 목숨을 위태롭게 하는 심각한 상황이 점점 다가오고 있는데도 말이죠.

오존층의 뚫린 구멍을 막아라!

태양빛 중 자외선이라고 하는 빛이 있어요. 자외선은 오래 쬐면 피부에 화상을 입을 수 있고, 까만 눈동자가 하얗게 변하는 백내장이란 눈병에 걸려 시력을 잃을 수 있어요. 이런 위험한 자외선이 태양빛의 하나라니…. 하지만 걱정 마세요. 다행히 우리 지구에는 자외선을 막아주는 든든한 오존층이 있거든요! 오존층은 지구 대기에 오존 기체가 많이 모여 있는 공기층이에요. 지구 전체를 둘러싸고 있지요.

오존은 지구로 들어오는 태양빛 중 자외선은 통과시키지 않고 흡수해요. 그 덕분에 지구의 동물과 식물은 태양빛을 받으면서도 안전하게 살 수 있는 거예요.

✱ 오존은 산소 원자 3개가 모인 기체예요.

124 우리가 지구를 구해요

그런데 한때, 지구의 오존층이 아주 심각하게 파괴된 적이 있어요. 1985년, 과학자들은 남극 오존층에 커다란 구멍이 난 것을 발견했어요. 커다란 오존 구멍을 통해 자외선이 마구 쏟아져 들어왔지요. 남극에 가까운 칠레와 오스트레일리아, 뉴질랜드와 같은 나라에 사는 사람들은 낮 동안은 가능한 집 밖으로 나가지 않았어요. 외출할 땐 꼭 선글라스와 모자를 쓰고, 스카프를 두르고 나갔고요. 이 지역의 양과 연어는 눈이 멀었고, 많은 사람들이 피부암과 백내장에 걸렸어요.

오존층에 왜 구멍이 났을까요? 자외선이 너무 강해서요? 아니에요. 오존층을 파괴한 건 바로 사람들이 만들어 낸 염화불화탄소라는 기체예요. 프레온 가스라고 알려진 염화불화탄소는 실험실에서 인공적으로 만들어진 기체로 에어컨, 냉장고, 반도체 세척제, 스프레이 등에 쓰여요. 프레온 가스는 강한 자외선과 만나면 염소 원자가 떨어져 나와요. 공기 중에 떠도는 염소 원자는 아주 작은 크기지만 한 개가 무려 10만 개의 오존 원자를 파괴할 수 있어요. 프레온 가스를 사용할수록 오존층의 오존은 파괴돼 커다란 오존 구멍이 생기지요.

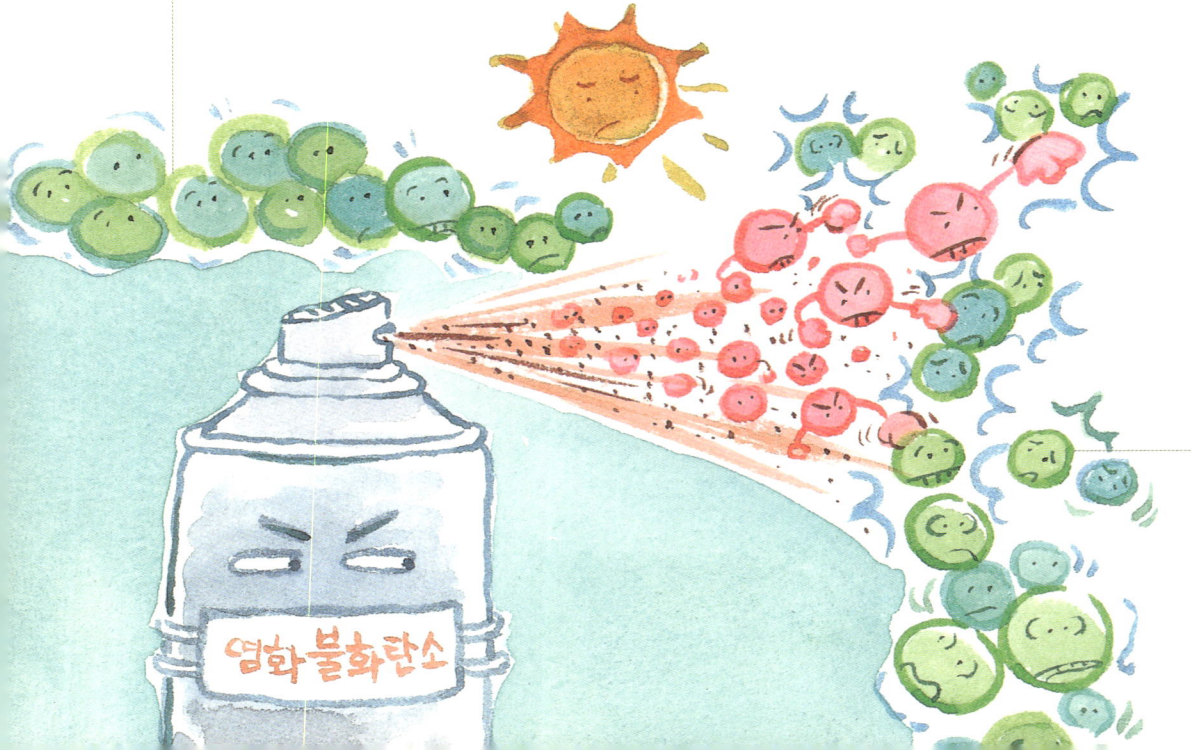

※ 몬트리올 의정서는 세계적으로 가장 성공한 국제 협약이래요.

과학자들은 오존 구멍을 메우려면 가능한 빨리
프레온 가스의 생산과 사용을 중단해야
한다고 했어요. 이에 1987년, 세계
각국의 대표가 몬트리올에 모여 프레온
가스를 사용하지 않겠다고 합의했고,
'몬트리올 의정서'란 합의문을 만들었어요.
과학자들은 지금처럼 프레온 가스를 사용하지
않으면 2020년부터 오존 구멍의 크기가
줄어들면서 2050년쯤 오존 구멍이 사라질 수 있대요.
이렇게 인류는 마음만 먹으면 파괴된 자연환경을
극복할 수 있는 힘을 갖고 있어요.
지구 온난화 문제도 오존층의 파괴를 막으려고
노력하는 사람들처럼 우리 모두가 힘을
합하면 해결할 수 있지 않을까요?

온실 기체를 줄이는 국제 협약

1992년, 브라질 리우데자네이루에 세계 각국의 대통령이 모여 '기후 변화 협약'이라고 하는 국제법을 만들었어요. 온실 기체(이산화탄소) 배출량을 1990년대 수준으로 되돌리는 것이 이 국제 협약의 목표였어요. 현재 이 협약에 우리나라를 포함한 180개 이상의 나라가 가입했지요.

가입국들은 1997년에 일본 교토에 모여 구체적인 실천 방법들을 문서로 만들었어요. 이 문서를 교토 의정서라고 해요.

교토 의정서에는 산업 발전이 빨랐던 선진국들은 2008년부터 2012년까지 이산화탄소 배출량을 1990년 때보다 5.2% 줄이기로 했어요. 이제 막 산업 발전을 시작한 나라들은 배출량을 훗날 정하기로 했고요.

그런데 세계 모든 나라가 이 협약에 가입한 것은 아니에요. 세계에서 가장 많은 양의 이산화탄소를 배출하는 미국은 자기네 산업 발전을 위해 교토 의정서를 무시하고 있어요.

온실 기체 문제는 모두가 힘을 합쳐 해결해야 해요.

정부는 환경 관련 산업을 적극적으로 지원하고, 국제 환경 보호 활동에도 적극적으로 참여해 다른 나라와의 연대

2007년 우리나라와 미국, 호주, 중국 등이 시드니에 모여 지구 온난화 문제를 해결하기 위해 각 나라의 산림 면적을 늘리기로 약속했어요.

의식을 높여야 해요. 지구환경의 변화는 인류 전체의 생존 문제가 걸린 거니까요.

인류의 산업 활동으로 만들어진 엄청난 온실 기체 때문에 기후가 변하고, 지구의 생태계가 심각한 위협을 받고 있는데, 이를 무시하고 경제적 이익만을 쫓는 것은 다음 세대의 삶은 생각지 않는 이기적인 태도예요. 다음 세대도 현재 우리가 누리고 있는 것처럼 자연의 혜택을 받으며 건강하게 살 권리가 있으니까요.

2007년 노벨 평화상은 앨 고어(Al Gore)와 UN에 소속된 '정부 간 기후 변화 위원회(IPCC)'가 함께 받았어요. 앨 고어는 미국 부통령을 지낸 사람인데 '환경 전도사'란 별명이 붙을 만큼 세계를 누비며 열심히 환경 운동을 펼쳐왔어요. 지구 온난화의 위험을 알리는 영화를 만들어 아카데미상을 받기도 했지요. IPCC는 기후 변화를 연구하거나 운동을 벌이는 100여개 나라의 전문가 3,000명이 활동하는 단체예요. 여러 번 기후 변화에 대한 자세한 보고서를 펴내서 전 세계 사람들에게 기후 변화가 얼마나

무서운 결과를 가져오는지 깨우쳐 주었어요.

노벨상 위원회는 노벨상 중 가장 영예로운 노벨 평화상을 이들에게 주기로 한 이유를 이렇게 밝혔어요.

"오늘날 인류 평화를 가장 크게 위협하는 것은 기후 변화입니다."

이것만 봐도 기후 변화가 우리에게 얼마나 중요한 문제인지 잘 알 수 있겠지요?

나의 작은 실천이 지구 온난화를 막을 수 있어요

지구 온난화의 가장 큰 주범인 이산화탄소의 발생량을 줄이는 일은 생각만큼 쉽지 않아요. 전기제품, 자동차, 비행기 등 이산화탄소를 발생하는 기기의 대부분이 이미 우리 생활의 일부로 자리 잡았기 때문이지요. 그럼 지구 온난화 문제를 해결하려면 어떻게 해야 할까요?

우선 생활 습관부터 조금씩 바꿔야 해요.

여름에는 실내 냉방 온도를 1℃ 높이고 겨울에는 난방 온도를 1℃ 낮추는 일, 물을 아껴 쓰는 일, 친환경 제품을 구입하는 일, 비닐봉지를 사용하지 않고 장바구니를 사용하는 일, 플라스틱 컵 같은 일회용품을 사용하지 않는 일, 전기 제품은 사용하지 않을 때 전원을 끄고 플러그를 뽑아두는 일, 재활용

> 종이상자로 된 겉포장을 없애거나 플라스틱 용기를 재활용 용기로 바꾸는 등 포장까지도 환경을 생각하는 친환경 제품이 점차 많아지고 있어요.

쓰레기를 분리수거하는 일, 자동차 이용을 줄이고 가까운 거리는 자전거를 이용하거나 걸어 다니는 일 등 누구나 일상 생활 속에서 쉽게 할 수 있는 일들이지요.

별일 아닌 것 같지만 한 사람 한 사람의 작은 노력이 모이면 지구 온난화를 막는 큰 힘을 만들 수 있답니다.

물론 지구 온난화는 국가적으로도 함께 해결해야 할 문제예요. 현재 세계 여러 나라들이 산업 활동을 조절하기로 약속했어요. 지구 온난화를 일으키는 이산화탄소의 배출량을 줄이기로요. 하지만 이는 이제 막 산업 활동을 시작한 개발도상국에게 불리한 약속이에요.

선진국은 그동안 무분별한 산업 활동으로 지구 온난화를 주도적으로 일으켰는데 그 책임을 개발도상국이 산업 발전의 속도를 늦추면서 함께 지는 것이니까요. 그러니 선진국의 앞선 산업 기술로 개발도상국들이 석유, 석탄 같은 화석 연료를 적게 쓰고도 경제를 발전시킬 수 있게 도와줘야 해요. 예를 들면 태양열 발전이나 풍력 발전을 이용해 전기를 생산할 수 있게 지원하는 것처럼요.

오늘날의 과학 기술은 환경을 보호하는 청정 산업을 무한히 발전시킬 수 있어요. 현재 과학자들은 지상 10km 높이에서 부는 제트기류란 강한 바람을 이용해 전기를 생산할 수 있는 기술을 연구하고 있어요. 또 식물성 플랑크톤인 녹조류에서 자동차 연료를 뽑아낼 수 있는 기술도 개발하고 있지요. 태양광 발전소로 전기를 생산하고, 전기를 덜 쓰는 소재로 건물을 지어 에너지 낭비를 막고, 바이오 연료로 자동차를 움직이는 세상을 그려보아요. 몸과 마음이 맑아지지 않나요? 많은 나라들이 이웃과 다음 세대를 배려하는 마음과 책임 의식을 갖고 환경 친화적인 기술을 이용하면 지구 온난화 문제는 해결할 수 있을 거예요.

바람과 태양의 힘을 이용해요

"씽, 씽"

바람이 세차게 불고 있어요.

"철썩, 철썩"

파도가 힘차게 바위를 때리며 하얗게 부서지고 있어요.

"쨍, 쨍"

햇빛이 뜨겁게 비추고 있어요.

"쉭, 쉭"

뜨거운 수증기가 갈라진 땅에서 솟아올라요.

화석 연료를 사용하지 않고도 바람과 파도, 햇빛, 수증기를 이용해서 전기를 만들 수 있어요. 이런 에너지는 많이 사용해도 없어지지 않고, 환경에 나쁜 영향을 주지 않기 때문에 '녹색 에너지' 또는 '재생 가능 에너지'라고 불러요.

덴마크와 같이 바람이 많이 부는 나라에서는 바람을 이용해서 전기를 만들어요. 바람을 이용해 전기를 만드는 것을 풍력 발전기라고 해요. 덴마크는 전체 전기 사용량의 20%를 바람의 힘으로 만들어내고 있어요.

우리나라의 등줄기를 이루는 강원도 백두대간에도 커다란 바람개비가 줄지어 서 있어요. 푸른 풀밭 위로 높이 80m에, 길이 45m인 커다란 바람개비가 줄지어 빙글빙글 돌아가는 모습을 생각해 보세요. 생각만 해도 시원하지 않나요?

> 자동차나 전동차가 지날 때 생기는 바람으로 바람개비를 돌려 전기를 만들 수도 있대요.

이건 우리나라에서 규모가 가장 큰 풍력 발전소가 전기를 만들고 있는 모습이지요. 강릉 시민의 절반 정도인 5만 가구가 사용할 수 있는 전기를 생산할 수 있답니다.

그런데 바람을 이용해 전기를 만드는 데 한 가지 문제가 있어요. 석유를 이용할 때보다 비용이 많이 든다는 거예요. 물론 환경을 지킬 수 있다는 것이 큰 장점이지만 이왕이면 적은 비용을 들여서도 큰 효과를 얻을 수 있는 기술을 더 연구해야지요.

태양도 바람처럼 주목받고 있는 에너지예요. 태양은 앞으로 50억년 동안 에너지를 내뿜을 수 있어요. 태양열 발전소는 집열판에 태양빛을 모아 전기를 만들어요.

'빛 고을' 광주는 지금 '태양 에너지 도시'를 만들기 위해 많은

노력을 하고 있어요. 태양 에너지로 만든 전기를 이용하는 주택 단지를 만들고, 시청 주차장에 태양 발전 장치를 설치하고, 문화 센터는 태양열을 이용한 냉난방 시설을 설치했어요. 광주보다 먼저 '태양의 도시'가 된 곳도 있지요. 독일의 프라이부르크예요. 이곳에는 60개가 넘는 태양광 발전 시설이 있어요. 지붕마다 태양빛을 모으는 태양 집열판과 태양 전지판이 있어서 태양 에너지로 전기를 만들어 써요. 사용하고 남은 전기는 전력 회사에 팔기도 해요. 이곳은 음식물 쓰레기도 그냥 버리지 않아요. 음식물 쓰레기를 다시 가스로 바꿔 사용하지요. 이렇게 지구의 환경과 미래를 위한 도시가 바로 최첨단 도시가 아닐까요?

이밖에 밀물과 썰물 때의 바닷물의 높이 차를 이용하는 조력, 파도의 힘을 이용하는 파력, 화산 활동이 활발한 곳의 땅속 열을 이용하는 지열 등 환경을 오염시키지 않고 다시 쓸 수 있는 재생 가능 에너지가 있어요.

지진과 화산 활동이 자주 일어나는 아이슬란드는 땅속에 열에너지가 많아서 그 에너지로 전기를 만들어 난방에 사용하고 있어요. 네덜란드의 헤이그 시는 현재 조력, 풍력, 지열로 전기를 만들고, 에너지가 적게 드는 집을 짓고, 전기 충전 자동차를 보급할 계획을 갖고 있대요. 이렇게 여러 나라가 환경을 위한 노력을 계속한다면 곧 '이산화탄소 제로 도시'가 나타나겠지요?

> 네덜란드에는 춤을 많이 출수록 전기 에너지가 많이 만들어지는 친환경 댄스장이 만들어지고 있대요. 춤을 출 때 만들어지는 바닥의 진동을 이용해 전기를 만든대요.

일석이조 에너지 바이오 연료

스웨덴은 2020년을 목표로 놀라운 계획을 세웠어요. 석유를 난방용으로 한 방울도 사용하지 않는다는 것이지요. 석유 대신 바이오 연료를 이용해서요.

바이오 연료는 동물의 배설물이나 식물을 이용해 얻는 에너지를 말해요. 유채꽃과 해바라기에서 바이오 디젤을 얻을 수 있고, 밀, 사탕무, 사탕수수, 옥수수에서 에탄올을 만들 수 있어요. 이들 모두 자동차 연료로 사용할 수 있지요.

바이오 연료는 화석 연료보다 온실 기체를 훨씬 적게 내보내요. 또 바이오 연료를 얻기 위해 식물을 많이 기를수록 공기 중의 이산화탄소를 흡수할 식물의 양도 늘어나는 것이므로 바이오 연료를 많이 사용할수록 에너지도 얻고, 환경도 보호하는 일석이조의 효과를 얻을 수 있지요.

하지만 바이오 연료로 인해 좋지 않은 문제가 일어나기도 했어요. 브라질과 말레이시아는 바이오 연료를 많이 얻으려고 열대우림을 파괴했어요. 또, 바이오 연료의 재료인 옥수수 가격이 올라 가난한 사람들의 폭동이 일어나기도 했어요. 옥수수는 값이 싸서 돈이 없는 사람들의 주식이었거든요.

새로운 기술, 환경 친화적인 자원이 있다고 꼭 더 나은 미래가 보장된 것은 아니에요. 환경을 위한 행동이 또 다른 환경의 파괴를 일으킬 수 있는지 잘 살펴봐야 해요. 또 환경을 보호하는 일은 모두가 함께 하고 그로 인한 결과도 함께 나눌 수 있어야 해요. 그러기 위해선 환경에 대한

지속적인 관심과 함께 다른 사람의 삶에 대한 세심한 배려도 필요하다는 것을 잊지 마세요.

지구는 우리가 구해요

지구를 구하는 일은 슈퍼맨처럼 힘이 센 영웅이나 돈이 아주 많은 기업가만이 할 수 있는 일이 아니에요. 지구를 구하는 일은 우리 모두가 할 수 있는 일이에요. 컴퓨터를 쓰지 않을 때 전원을 꺼두고, 대중교통을 이용하고, 종이나 연필 같은 학용품을 아껴 쓰는 일 등 지구를 구하는 일은 작은 일에서부터 시작해야 해요. 유엔에서는 매년 6월 5일을 세계 환경의 날로 정했어요. 세계적으로 환경에 대한 관심을 높이고 인류 모두가 환경 보호 활동을 실천하는 기념일이에요.

세계 환경의 날은 매해 주제를 바꿔 가며 환경에 대한 세계인의 관심과 참여를 이끌어 내고 있어요. 2007년은 기후 변화를 주제로 한 거리 행진에서 자전거 퍼레이드, 그린 콘서트, 나무 심기, 청소년 캠페인 등의 행사가 펼쳐졌어요.

지금 베트남에서 호주까지, 케냐에서 멕시코까지 나무 심기 캠페인을 하고 있지요. 나무를 많이 심을수록 공기 중의 이산화탄소의 양이 줄어서 지구 온난화로 인한 기후 변화의 속도가 늦춰지거든요.

✱ 유엔은 세계 평화를 위한 국제연합이에요.

지구는 한순간에 구해질 수 있지 않아요. 환경을 보호하는 나의 하루가 다른 이의 하루와 함께 쌓여 먼 미래 후손들의 하루까지 이어져야 해요. 아주 긴 시간이 걸리는 일이에요.

여러분, 하나뿐인 소중한 지구를 구할 사람은 바로 여러분 자신이라는 사실을 잊지 마세요.

자연과 함께 나누며 사는 기쁨을 찾아요

안녕 라할리! 나는 한국에 사는 지수야. 네가 쓴 편지를 읽고 난 네 모습을 그려보았어. 햇빛에 탄 까만 얼굴에 눈을 동그랗게 뜨고 환한 미소를 지으며 소파에 앉아 먼 바다를 바라보는 모습을 말이야.

네가 사는 곳의 맹그로브 숲과 산호초는 잘 있는지 무척 궁금해. 텔레비전과 신문에서 해일과 폭풍이 또 일어났다는 소식을 들었거든. 혹시 몰디브나 투발루까지 여행해 본 적은 없니? 그곳은 현재 바닷물 속으로 가라앉을 위기에 처한 섬나라야. 섬이 왜 가라앉냐고? 지구 온난화 때문에 해수면의 높이가 오르고 있거든.

고의는 아니었지만 지구 온난화를 주도적으로 일으킨 선진국 사람들이 에너지를 펑펑 쓴 대가를 엉뚱하게도 그 사람들이 사는 곳과 멀리 떨어진 섬에 사는 사람들이 치뤄야 한다니…
너무 슬퍼.
라할리! 너의 할아버지가 말씀하신 것처럼 사람들은 자연과 함께 나누며 사는 법을 잊고 사는 것 같아.
난 얼마 전에 우리나라의 '생태 발자국' 수치를 보고 깜짝 놀랐어. 생태 발자국은 한 사람이 일상 생활에서 이용하는 에너지와 자원을 지구의 토지 면적으로 나타낸 거야.

생태 발자국 수치에 따르면 세계 사람들이 한국 사람처럼 살려면 지구가 두 개나 필요하대. 그리고 미국 사람처럼 살려면 지구 열 개가 필요하다는 거야. 이것만 봐도 산업이 발달한 나라의 사람들이 얼마나 많은 에너지를 과소비하고 있는지를 알 수 있겠지?
우리가 좀 더 편하게 살자고 지구를 더 만들어 낼 수도 없는데 말이야.

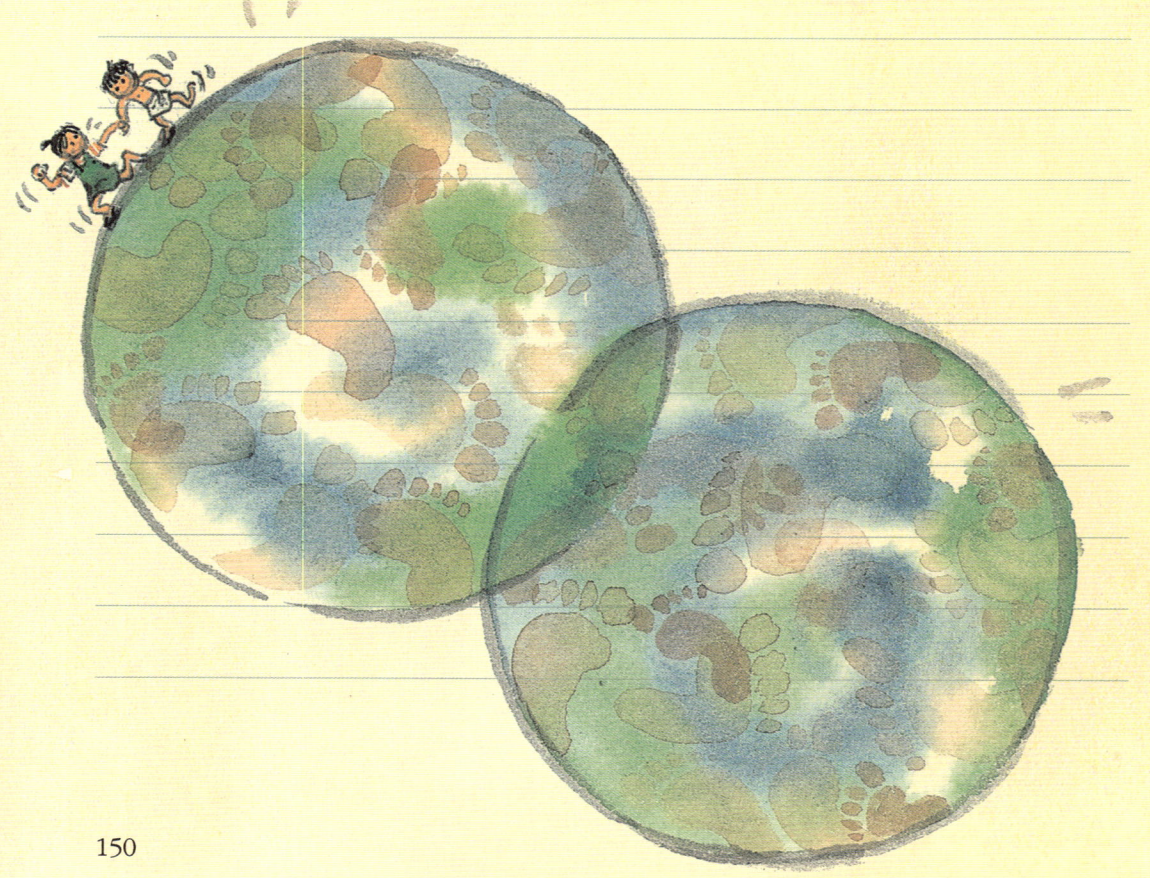

하지만 희망을 갖게 만드는 일도 있어.

생활의 사소한 불편을 받아들이고 다음 세대의 삶을 걱정하는 사람들이 늘어나고 있거든.

화석 연료를 사용하지 않고도 자연에서 에너지를 얻는 기술을 열심히 개발하고 있는 과학 기술자, 경제적 이익만 생각하지 않고 환경 문제에 관심을 갖는 기업가, 제도와 법률로 지구 기후 문제를 해결하려는 의지를 가진 정치가들이 점점 많아지고 있어.

이처럼 한 사람 한 사람이 생활의 불편함을 기꺼이 즐길 수 있는 마음가짐으로 환경 보호를 실천한다면 기후 문제를 해결할 수 있다고 생각해.

라할리! 우리가 계속 환경을 지키면서 살면, 곧 지구의 열병이 낫게 되는 날이 올거라고 믿어. 자연과 사람이 함께 나누며 사는 세상이 오는 그 날까지 건강하게 지내길 바라며… 안녕~!

교과부, 문광부, 환경부가 우수도서로 인증한

토토 과학상자 시리즈

우리나라 과학 전문 필자가 우리 어린이의 눈높이에 맞춰 쓴 과학책!
생물 지구과학 물리 화학 등 모든 과학 분야의 기본 원리를 친절하게 알려줍니다.

    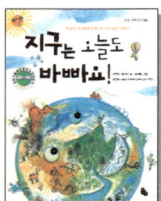 

 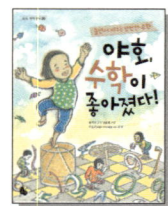    

〈토토 과학상자〉는 24권까지 모두 나왔습니다.
홈페이지 www.totobook.com 에서 과학퀴즈를 풀고 상품을 받으세요.